Abecé
Visual

El Abecé Visual de

DINOSAURIOS Y OTROS ANIMALES PREHISTÓRICOS

Abecé Visual

© de esta edición: 2013, Santillana USA Publishing Company, Inc.
2023 NW 84th Ave, Doral FL 33122

Publicado primero por Santillana Ediciones Generales, S. L.
C/Torrelaguna, 60 - 28043 Madrid

Coordinación editorial: Área de Proyectos Especiales.
Santillana Ediciones Generales, S. L.

REDACCIÓN Y EDICIÓN
Marisa do Brito Barrote

ILUSTRACIÓN
Leonardo Batic y el paleoartista Diego Barletta por el Estudio Duendes del Sur

DISEÑO DE CUBIERTAS
Gabriela Martini y asociados

El abecé visual de los dinosaurios y otros animales prehistóricos
ISBN: 978-84-9907-005-6

Printed in USA by Nupress of Miami, Inc.
16 15 14 13   1 2 3 4 5 6 7 8 9

Índice

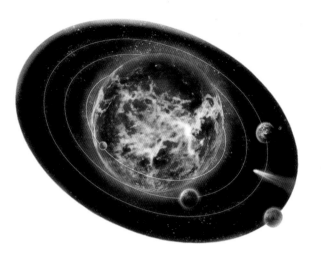

¿**Cómo** surgió la vida en la Tierra?

L a vida en la Tierra comenzó a existir hace 3800 millones de años.
Desde entonces, la biosfera no ha dejado de cambiar y de modificar el medio terrestre. Por ejemplo, las primeras bacterias con clorofila generaron el oxígeno atmosférico, que a su vez facilitó el surgimiento del resto de las especies.

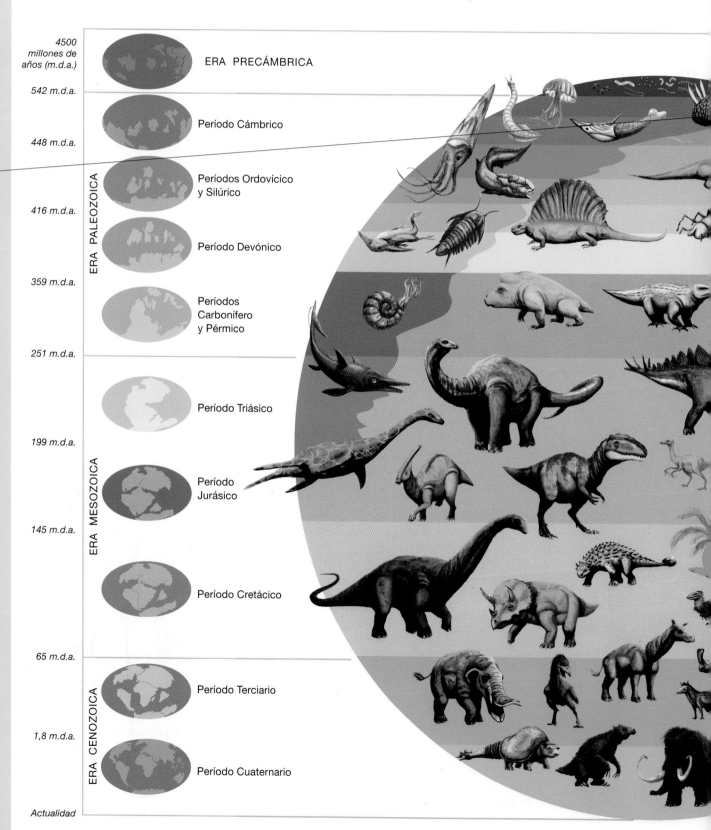

4500 millones de años (m.d.a.) — ERA PRECÁMBRICA

542 m.d.a. — Período Cámbrico

448 m.d.a. — Períodos Ordovícico y Silúrico

ERA PALEOZOICA

416 m.d.a. — Período Devónico

359 m.d.a. — Períodos Carbonífero y Pérmico

251 m.d.a.

Período Triásico

199 m.d.a.

ERA MESOZOICA

Período Jurásico

145 m.d.a.

Período Cretácico

65 m.d.a.

ERA CENOZOICA

Período Terciario

1,8 m.d.a.

Período Cuaternario

Actualidad

El surgimiento del género humano

Si bien aún no se han encontrado fósiles que reconstruyan de forma completa la evolución de la especie a la que pertenecemos las personas, *Homo sapiens sapiens,* se sabe que nuestros antepasados más antiguos quizá fueron muy cercanos a los simios y pertenecieron al género *Australophitecus* hace unos 4,2 millones de años atrás. El género *Homo* apareció hace solo 1,9 millones de años, durante el período Cuaternario.

Un calendario de millones de años

Pensar en millones de años puede resultar muy complicado. Por eso, este calendario puede ayudarnos a comprender cuánto tiempo pasó desde que comenzó la vida en la Tierra hasta el momento en que surgieron los dinosaurios, o desde que aparecieron las primeras plantas y nació el primer hombre de las cavernas. En el siguiente calendario imaginario, la historia de la Tierra está comprimida en un año, y cada día corresponde a unos 12 millones de años.

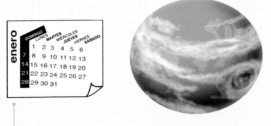

En enero se forma la Tierra.

Durante abril surge la vida primitiva.

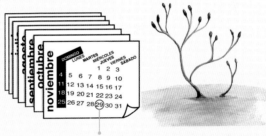

El 29 de noviembre aparecen las primeras plantas sobre la tierra, y los animales comienzan a colonizar los continentes.

Con las bacterias, surge la vida hace 3800 millones de años.

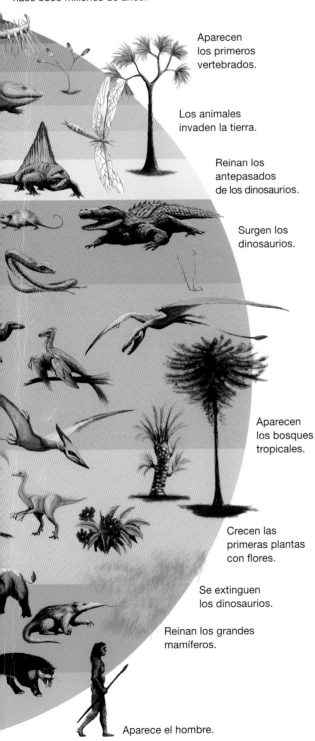

Aparecen los primeros vertebrados.

Los animales invaden la tierra.

Reinan los antepasados de los dinosaurios.

Surgen los dinosaurios.

Aparecen los bosques tropicales.

Crecen las primeras plantas con flores.

Se extinguen los dinosaurios.

Reinan los grandes mamíferos.

Aparece el hombre.

El 18 de diciembre reinan los dinosaurios.

Alrededor del 26 de diciembre, los dinosaurios se extinguen.

Por la mañana del 28 de diciembre, los grandes mamíferos se extienden por el planeta.

A las 22 horas del 31 de diciembre aparece el hombre.

Fuente: Molecules to Man, BSCS, 1973.

¿**Qué** son los fósiles?

Muchas veces escuchamos que en algún lugar de nuestro planeta ha aparecido algún hueso fósil, un tronco petrificado y hasta un gran mamut congelado dentro de un iceberg. Estos testimonios de la vida que existió en el pasado son los fósiles. Todo lo que sabemos sobre la existencia de los dinosaurios se lo debemos a la aparición de estos restos fosilizados.

¿Cómo se trasladan?

Para trasladar los fósiles sin que se quiebren, se cubren con papel húmedo, un refuerzo de hierro y trapos empapados en yeso. Este conjunto se excava por los lados y se separa de la tierra por la parte inferior para darle la vuelta en bloque. Así se traslada al laboratorio.

Los paleontólogos son los científicos que estudian los fósiles. Su trabajo comienza con un viaje a las zonas en donde se supone que hay restos fosilizados. Allí hacen excavaciones para encontrarlos y desenterrarlos. Este trabajo de campo incluye recoger los fósiles, limpiarlos y embalarlos para su traslado.

Para que los paleontólogos puedan encontrar los fósiles, hace falta que el viento y las lluvias hagan su trabajo desenterrando alguna pieza y dejándola a la intemperie. Para hallar estos «tesoros», se necesita dedicación y también ¡mucha suerte!

Distintos tipos de fósiles

Los fósiles se asocian generalmente con los huesos de los grandes dinosaurios reconstruidos en los museos; sin embargo, hay una gran variedad de restos fosilizados. Los más conocidos son:

Fósiles de molde: los restos originales han desaparecido, pero han servido de molde a los minerales.

Impresiones: se dan cuando las partes planas de los vegetales, como las hojas, se imprimen en los sedimentos dejando su huella.

Réplicas: se da generalmente con los huesos fosilizados. En ellos se produce una sustitución completa de las sustancias orgánicas por una sustancia mineral.

Huellas de actividad: son un testimonio de cómo vivieron estos organismos. Se trata de huellas, excrementos fosilizados (coprolitos) o nidos de dinosaurios.

La mayoría de los hallazgos de fósiles se producen en regiones conocidas como *badlands,* caracterizadas por ser extremadamente áridas debido a la gran erosión de sus terrenos. Por ejemplo, el cañón del Colorado, en Estados Unidos, la Patagonia argentina y el desierto de Gobi, entre Mongolia y China.

Los yacimientos fósiles se encuentran en estratos de rocas sedimentarias, como la piedra caliza, la arenisca, la arcilla o la pizarra, que se fueron formando en los lechos de los ríos y lagos.

¿Cómo se fosilizaron los dinosaurios?

Los restos de animales o vegetales se conservaron en las rocas por medio de la *fosilización:* un proceso en el cual se sustituyen los compuestos orgánicos del espécimen muerto por sustancias minerales.

Tras morir, el animal fue cubierto por el agua de un río o del mar. Allí, la carne de su cuerpo se descompuso o sirvió de alimento a otra especie; pero el esqueleto se conservó.

El agua depositó arena y fango sobre el esqueleto. Estos sedimentos impidieron su deterioro y comprimieron los huesos, evitando que se dispersaran.

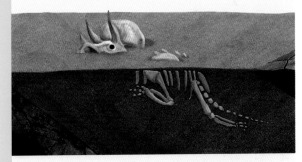

Con el tiempo, el tejido de los huesos fue reemplazado por compuestos minerales que convirtieron los huesos en fósiles. Más tarde, los movimientos tectónicos aproximaron los fósiles a la superficie.

¿Cómo se estudian los fósiles?

Ya en el laboratorio, los paleontólogos terminan de limpiar los restos fósiles encontrados. Para estudiarlos, les realizan pruebas químicas que sirven para averiguar su antigüedad. También se comparan con otros fósiles para identificar a qué organismo pertenecieron. Como la mayoría de los fósiles no están completos, antes de armarlos se reconstruyen las partes que faltan, como si fueran las piezas perdidas de un rompecabezas.

¿**Cómo** salieron del mar los vertebrados?

Hace 380 millones de años, durante el período Devónico, los vertebrados comenzaron a dejar el agua y se adentraron en la tierra firme para colonizarla: habían encontrado en ella ventajas para mejorar su alimentación. Los pioneros fueron algunos peces que presentaron adaptaciones para respirar y desplazarse en el ambiente aeroterrestre. Sin embargo, los anfibios fueron los primeros animales de cuatro patas, o *tetrápodos,* que colonizaron la tierra.

Sobre las ciénagas se erguían elevadas coníferas, de 15 a 40 m (49 a 131 ft) de altura, y helechos que alcanzaban los 7,50 m (24 ft). Una variedad de insectos y arácnidos pululaban por el rico lecho de hojas en descomposición que alfombraba la selva.

El ictiostega se considera el primer anfibio que habitó el medio aeroterrestre hace 362 millones de años. Sus fósiles se encontraron en Groenlandia. Por aquel entonces, la isla estaba unida a un continente cálido, situado a la altura del ecuador, que iba desde el oeste de Norteamérica hasta Europa oriental.

Medía 1,5 m (4.9 ft) de longitud. Su columna estaba unida a la cadera, lo que le daba fuerza para caminar en tierra firme. Se alimentaba de insectos en tierra y de peces en el agua. Ponía sus huevos en el agua para evitar que se desecaran.

El *Tiktaalik roseae* vivió hace 375 millones de años, durante el período Devónico, en el Ártico canadiense, frente a Groenlandia. Llegó a medir unos 80 cm (31 in).

La conquista de la tierra firme

Las primeras en dejar el agua fueron las algas a fines del período Ordovícico. Más tarde, durante el período Silúrico, el suelo fue poblado por hongos, helechos primitivos y artrópodos, como las arañas y los ciempiés. Finalmente, durante el Devónico, aparecieron las plantas con semillas y los animales vertebrados.

En la imagen, un fósil de invertebrado del período Devónico.

Peces caminadores

Hallazgos fósiles recientes hacen pensar que los predadores acuáticos empujaron a los peces a salir del agua y a arrastrarse por las orillas, donde hallaron nuevos alimentos, como insectos y escorpiones. El *Tiktaalik roseae,* una especie fósil encontrada en el año 2006, tenía pulmones y extremidades similares a patas, con huesos equivalentes a un codo y a las muñecas, pero con dedos aún sin desarrollar dentro de las aletas.

Los anfibios actuales son los supervivientes de aquellos que se aventuraron a salir del agua a finales del Devónico. Sin embargo, aún hoy deben regresar al agua para reproducirse.

Los anfibios posiblemente tenían la piel impermeable, escamosa o con la consistencia del cuero, para evitar la pérdida de agua. Y es probable que no pudieran respirar a través de la piel, como sí lo hacen sus descendientes actuales.

A finales del Devónico el clima cambió y muchos lagos se transformaron en pantanos cuya agua era pobre en oxígeno disuelto. Allí aparecieron una serie de peces con mandíbulas, pulmones y aletas carnosas, que se desplazaban en el barro de pantano en pantano.

Los anfibios

La palabra *anfibio* significa «doble vida». Los anfibios, como los sapos y las ranas, viven en dos mundos: el del agua, donde nacen y se reproducen, y el de la tierra, donde desarrollan su vida adulta. Al igual que en la actualidad, los anfibios de la era paleozoica cambiaban a medida que crecían; es decir, que atravesaban un *ciclo de vida*. Esto se sabe porque se encontraron ejemplares pequeños con branquias, y adultos sin rastro de ellas.

Sus cuerpos cambian mediante un proceso llamado *metamorfosis:* las agallas se sustituyen por pulmones y les crecen extremidades que les permitirán desplazarse en la tierra.

Ciclo de vida de la rana

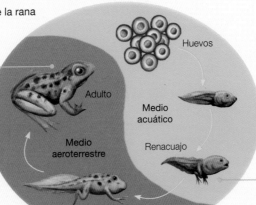

Huevos

Adulto

Medio acuático

Medio aeroterrestre

Renacuajo

Al salir del huevo, las larvas de los anfibios están adaptadas para la vida en el agua: tienen agallas con las que respiran y una cola que les sirve para nadar.

¿**Cuál** era la función de la aleta del dimetrodón?

D urante el período Pérmico surgieron especies con adaptaciones que les permitían sobrevivir y reinar en un ambiente terrestre cambiante. Tal es el caso del dimetrodón, un pelicosaurio o reptil con vela, que vivió hace 270 millones de años y que tenía una cresta muy particular en la espalda, cuya función era regular su temperatura interna.

Parece un dinosaurio pero es muy anterior a ellos, debido a que surgió hace 270 millones de años. Se conoce como «reptil mamiferoide», ya que se lo considera precursor de los primeros mamíferos.

La cresta estaba sujeta a las largas vértebras. El área superficial de la piel permitiría que se calentara o que se refrescara, de acuerdo con su necesidad. Se calcula que un dimetrodón de tamaño medio podía aumentar su calor corporal 8 °C (46 °F) en dos horas.

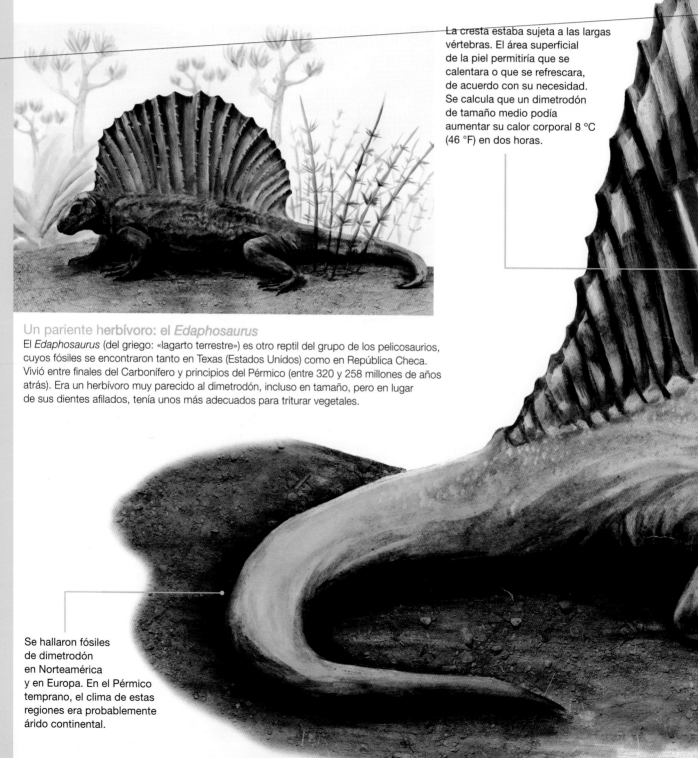

Un pariente herbívoro: el *Edaphosaurus*

El *Edaphosaurus* (del griego: «lagarto terrestre») es otro reptil del grupo de los pelicosaurios, cuyos fósiles se encontraron tanto en Texas (Estados Unidos) como en República Checa. Vivió entre finales del Carbonífero y principios del Pérmico (entre 320 y 258 millones de años atrás). Era un herbívoro muy parecido al dimetrodón, incluso en tamaño, pero en lugar de sus dientes afilados, tenía unos más adecuados para triturar vegetales.

Se hallaron fósiles de dimetrodón en Norteamérica y en Europa. En el Pérmico temprano, el clima de estas regiones era probablemente árido continental.

La cresta le habría dado más energía para cazar. Cuando se ponía al sol a primera hora de la mañana, su vela absorbía el calor y aumentaba rápidamente su temperatura corporal. Así, estaba activo más temprano que sus presas, de sangre fría y movimientos más lentos.

La cresta pudo también haber sido utilizada en rituales de acoplamiento o para defenderse de sus depredadores.

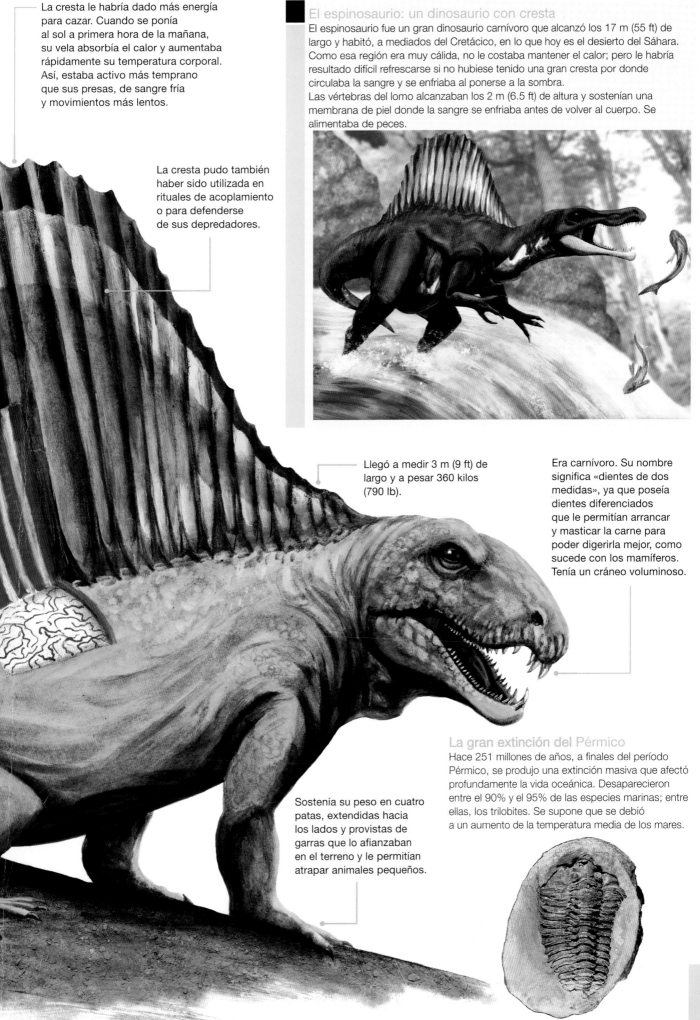

El espinosaurio: un dinosaurio con cresta

El espinosaurio fue un gran dinosaurio carnívoro que alcanzó los 17 m (55 ft) de largo y habitó, a mediados del Cretácico, en lo que hoy es el desierto del Sáhara. Como esa región era muy cálida, no le costaba mantener el calor; pero le habría resultado difícil refrescarse si no hubiese tenido una gran cresta por donde circulaba la sangre y se enfriaba al ponerse a la sombra.

Las vértebras del lomo alcanzaban los 2 m (6.5 ft) de altura y sostenían una membrana de piel donde la sangre se enfriaba antes de volver al cuerpo. Se alimentaba de peces.

Llegó a medir 3 m (9 ft) de largo y a pesar 360 kilos (790 lb).

Era carnívoro. Su nombre significa «dientes de dos medidas», ya que poseía dientes diferenciados que le permitían arrancar y masticar la carne para poder digerirla mejor, como sucede con los mamíferos. Tenía un cráneo voluminoso.

Sostenía su peso en cuatro patas, extendidas hacia los lados y provistas de garras que lo afianzaban en el terreno y le permitían atrapar animales pequeños.

La gran extinción del Pérmico

Hace 251 millones de años, a finales del período Pérmico, se produjo una extinción masiva que afectó profundamente la vida oceánica. Desaparecieron entre el 90% y el 95% de las especies marinas; entre ellas, los trilobites. Se supone que se debió a un aumento de la temperatura media de los mares.

¿**Quiénes** fueron los antepasados del cocodrilo?

A l igual que los dinosaurios y los pterosaurios, los cocodrilos descienden de un grupo de reptiles que vivieron durante el Triásico inferior y que pertenecían a la familia de los arcosaurios, que en griego significa «reptiles dominantes». Esto quiere decir que hubo antepasados de los cocodrilos que convivieron con los dinosaurios, ¡y hasta se alimentaron de ellos!

Llegaban a medir 12 m (39 ft) de largo y pesaban unas ocho toneladas. En sus grandes mandíbulas podían tener más de 100 dientes.

Parecidos pero no parientes

Hace 121 millones de años, una especie de dinosaurios habitó una zona de abundantes ríos y vegetación donde hoy se encuentra el desierto del Sáhara. Se los llamó *Suchomimus,* por su gran «parecido al cocodrilo». Tenían las mandíbulas alargadas con dientes curvados hacia atrás, lo que las hacía óptimas para atrapar a los peces resbaladizos. Actualmente, el cocodrilo del Nilo posee un cráneo muy similar. Este parecido entre especies diferentes es conocido como convergencia genética, y ocurre cuando dos especies bien distintas se adaptan del mismo modo a condiciones ambientales similares.

*Suchomimus
tenerensis*

Cocodrilo
del Nilo

Desde la cabeza hasta la cola, estaban cubiertos por una armadura de escamas, en las que se observan aros de crecimiento semejantes a los de los troncos de los árboles. Esto ha permitido saber que podían llegar a vivir unos 50 años.

El *Sarcosuchus imperator* o cocodrilo emperador habitó la zona del desierto nigeriano de Teneré hace 110 millones de años, durante el período Cretácico.

¡Qué boquita!

El cráneo del cocodrilo emperador *(Sarcosuchus imperator)* medía 1,50 m (4.9 ft) de longitud. En comparación, el cráneo del cocodrilo del Nilo, uno los más grandes de la actualidad, puede llegar a medir 0,60 metros (1.9 ft).

Tenían una enorme ampolla nasal, desconocida en los cocodrilos modernos, que podría estar relacionada con un potente sistema olfativo y con la capacidad de comunicarse con los de su especie.

A pesar de su enorme tamaño, podían ocultar el 95% de su cuerpo debajo del agua, debido a la forma de su cabeza.

Los *Sarcosuchus* eran los grandes depredadores de los ríos y pantanos africanos, capaces de comer peces, tortugas y hasta pequeños dinosaurios que se acercaran a la orilla a beber.

Aunque el *Sarcosuchus imperator* forma parte de una rama cercana a los cocodrilos modernos, no está relacionada directamente con ellos, ya que su forma es más parecida a las de los gaviales.

Fósiles de gran tamaño

En India habita el cocodrilo gavial, que puede llegar a medir 6 m (19 ft) de largo, aunque se han encontrado fósiles con sus mismas características de 17 m (55 ft) de longitud.

¿**Cuál** es el dinosaurio más antiguo conocido?

El fósil de dinosaurio más antiguo encontrado hasta el momento pertenece al *Eoraptor* y tiene unos 228 millones de años. Se lo considera el primer dinosaurio debido a que comparte características con las especies posteriores de dinosaurios y con el arcosaurio, el antepasado común pariente de los cocodrilos. Estos dinosaurios fueron los primeros vertebrados capacitados para correr a dos patas y caminar casi erguidos sobre ellas.

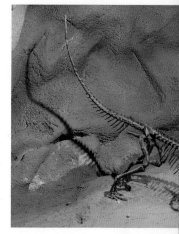

Fósil de *Eoraptor*

El *Eoraptor* fue un minúsculo depredador que medía 1 m (3 ft) de longitud y 30 cm (11 in) de altura, lo que mide un perro grande, y pesaba solamente 9 kg (19 lb).

Hacia finales del Triásico, el Valle de la Luna, en Argentina, era un lugar con frondosos árboles y helechos, donde este pequeño dinosaurio podía ocultarse para sorprender a sus víctimas.

Presentaba adaptaciones en sus patas traseras que le permitían desplazarse con velocidad. Para correr, mantenía la cola tiesa y así equilibraba la parte delantera de su cuerpo.

En los pies, los únicos que tocaban el suelo eran los dedos y no la planta del pie, como ocurría con los arcosaurios primitivos, por eso habrían caminado de un modo similar a los pájaros.

Un fósil con historia

El *Eoraptor* fue encontrado en 1991 por el entonces estudiante argentino de paleontología Ricardo Martínez, en el Valle de la Luna, en la provincia argentina de San Juan. En 1993, Paul Sereno, científico de la Universidad de Chicago, le dio el nombre de *Eoraptor lunensis*, «ladrón al amanecer del Valle de la Luna». En ese momento la hipótesis de que se trataba del dinosaurio más antiguo se fortaleció.

Ischigualasto: el valle de los dinosaurios primitivos

El Valle de la Luna, situado en la cuenca del río Ischigualasto, se encuentra en la provincia de San Juan, Argentina. En la actualidad es uno de los yacimientos fósiles del Triásico más importantes del mundo, tanto por el estado de preservación de los hallazgos como por la cantidad de especies encontradas: más de 25 tipos diferentes. Por este motivo, la Unesco lo ha declarado Patrimonio de la Humanidad.

¿Hay dinosaurios más antiguos que el *Eoraptor*?

La paleontología avanza de acuerdo con los descubrimientos que se realizan. En la actualidad se estima que solo se conoce un 30% de las especies de dinosaurios que poblaron la Tierra hace millones de años. En Rio Grande do Sul, Brasil, recientemente se ha hallado el fósil de un dinosaurio que vivió hace 228 millones de años, una datación similar a la del *Eoraptor*. Sin embargo, este animal presenta características aún más primitivas en la cadera y en las patas.

Su dentadura estaba provista de numerosos y variados dientes: algunos afilados, diseñados para cortar carne; otros curvados, como para triturar hierbas y plantas, y otros en forma de hoja, como para arrancar ramas. Debido a esto, se cree que fue omnívoro.

Este dinosaurio, al que se ha llamado *Unaysaurus Tolentinoi* o «dinosaurio de Agua Negra», medía unos 1,50 m (4.9 ft) de largo y 0,50 m (1.6 ft) de alto. Presenta adaptaciones clave para considerar que caminaba sobre dos patas, como los dinosaurios carnívoros.

Otro dino primitivo en el Valle de la Luna

En el mismo yacimiento del Triásico donde se encontró el *Eoraptor*, también han aparecido fósiles de herrerasaurio (*Herrerasaurus ischigualastensis*). Este era un dinosaurio depredador, de unos 4 m (13 ft) de largo y de 1,50 m (4.9 ft) de alto. Poseía características muy primitivas, como la mano formada por tres dedos y las vértebras unidas. Sin embargo, era menos arcaico que el *Eoraptor*, ya que poseía una articulación entre las mandíbulas (típica de los tiranosaurios).

El herrerasaurio fue uno de los más activos depredadores de su época, cuyos competidores eran solo los grandes cocodriloides terrestres de hace 225 millones de años.

Al alcanzar a sus presas, las tomaba con los tres dedos de sus patas delanteras. En sus manos, el tercer dedo tenía un tamaño mayor.

¿**Cómo** era el esqueleto de un estegosaurio?

E l estegosaurio fue un dinosaurio herbívoro que habitó en América del Norte y Europa hace más de 156 millones de años. Su nombre científico es *Stegosaurus,* que quiere decir «reptil con tejado» o «lagarto con techo». Fue bautizado de este modo debido a la serie de placas óseas, con forma de rombo, que se localizan en su espalda.

Calentaba su cuerpo orientando las placas hacia el sol para recoger el máximo calor posible en las mañanas frías. Cuando alcanzaba la temperatura ideal, podía moverse y empezar a alimentarse.

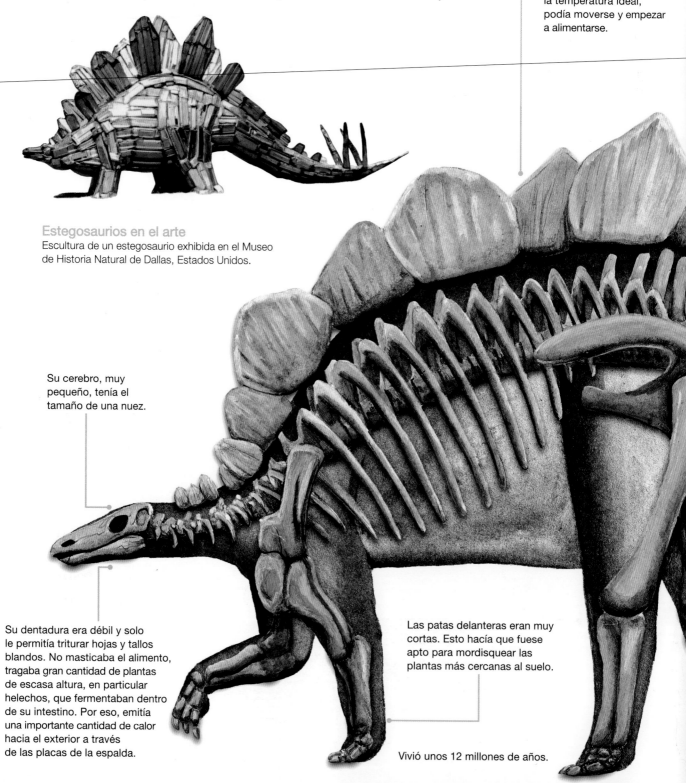

Estegosaurios en el arte
Escultura de un estegosaurio exhibida en el Museo de Historia Natural de Dallas, Estados Unidos.

Su cerebro, muy pequeño, tenía el tamaño de una nuez.

Su dentadura era débil y solo le permitía triturar hojas y tallos blandos. No masticaba el alimento, tragaba gran cantidad de plantas de escasa altura, en particular helechos, que fermentaban dentro de su intestino. Por eso, emitía una importante cantidad de calor hacia el exterior a través de las placas de la espalda.

Las patas delanteras eran muy cortas. Esto hacía que fuese apto para mordisquear las plantas más cercanas al suelo.

Vivió unos 12 millones de años.

Ornitisquios, que significa «cadera de ave».

Saurisquios, que significa «cadera de lagarto».

Estegosaurios: herbívoros cuadrúpedos con placas y espinas en el lomo.

Anquilosaurios: herbívoros cuadrúpedos con armaduras de placas.

Ceratópsidos: herbívoros cuadrúpedos con pico de loro, cuernos y una prolongación del cráneo que les protegía el cuello.

Ornitópodos: herbívoros o carnívoros con pico córneo y patas parecidas a las de las aves.

Paquicefalosaurios: herbívoros bípedos con una placa ósea sobre el cráneo que les permitía dar golpes con la cabeza.

Terópodos: carnívoros que se desplazan en dos patas, de los que también descienden los antepasados de las aves.

Saurópodos: enormes herbívoros cuadrúpedos de cabeza pequeña y cuello largo.

Prosaurópodos: herbívoros primitivos de cuello largo que podían moverse sobre dos o cuatro patas. Vivieron durante el Triásico superior y el Jurásico inferior a lo largo de todo el planeta.

Se cree que las placas le eran útiles para aumentar o disminuir su temperatura corporal. Investigaciones más recientes sostienen que a los machos podrían haberle servido para ahuyentar a otros machos del rebaño y para atraer a las hembras en la época de celo.

Las huellas de los dinosaurios

La imagen muestra una huella extraída de la costa asturiana y se encuentra actualmente en el Museo del Jurásico de Asturias.

Una de sus características más notables eran las cuatro púas de hasta 60 cm (23 in) en la cola gruesa y musculosa.

Tras varios estudios se aceptó que las púas se ubicaban de forma paralela al suelo, dirigidas hacia los lados, convirtiéndose en una especie de látigo que le servía de arma defensiva.

Cuestión de tamaños

9 m (29 ft)

4 m (13 ft)

Las patas traseras eran más largas que las delanteras para soportar mejor su corpulencia.

1,80 m (5.9 ft)

¿**Cómo** eran los ictiosaurios, habitantes del mar?

Aunque parecen peces, los ictiosaurios fueron una clase de reptiles adaptados a la vida marina que respiraban por medio de pulmones y que llegaron a medir entre 1 y 15 m (3 y 49 ft) de longitud. Surgieron en el Triásico tardío y alcanzaron su clímax en el Jurásico, para extinguirse al final del Cretácico junto con los dinosaurios. Durante 160 millones de años, los ictiosaurios dominaron los mares, mientras que los dinosaurios preponderaron sobre la tierra firme. Este orden estaba formado por varias familias.

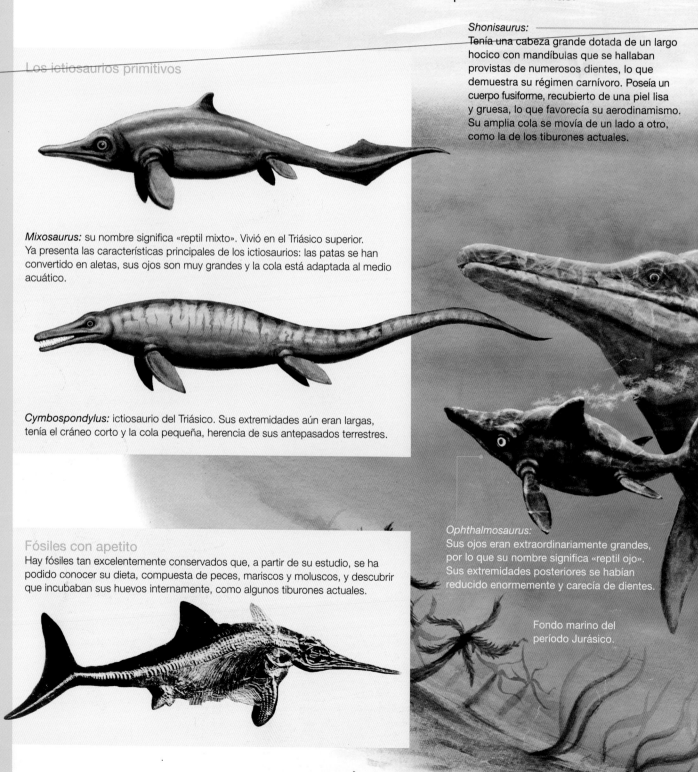

Los ictiosaurios primitivos

Shonisaurus: Tenía una cabeza grande dotada de un largo hocico con mandíbulas que se hallaban provistas de numerosos dientes, lo que demuestra su régimen carnívoro. Poseía un cuerpo fusiforme, recubierto de una piel lisa y gruesa, lo que favorecía su aerodinamismo. Su amplia cola se movía de un lado a otro, como la de los tiburones actuales.

Mixosaurus: su nombre significa «reptil mixto». Vivió en el Triásico superior. Ya presenta las características principales de los ictiosaurios: las patas se han convertido en aletas, sus ojos son muy grandes y la cola está adaptada al medio acuático.

Cymbospondylus: ictiosaurio del Triásico. Sus extremidades aún eran largas, tenía el cráneo corto y la cola pequeña, herencia de sus antepasados terrestres.

Fósiles con apetito

Hay fósiles tan excelentemente conservados que, a partir de su estudio, se ha podido conocer su dieta, compuesta de peces, mariscos y moluscos, y descubrir que incubaban sus huevos internamente, como algunos tiburones actuales.

Ophthalmosaurus: Sus ojos eran extraordinariamente grandes, por lo que su nombre significa «reptil ojo». Sus extremidades posteriores se habían reducido enormemente y carecía de dientes.

Fondo marino del período Jurásico.

Los ictiosaurios por dentro
En este esqueleto de un ictiosaurio se observa la cantidad de falanges articuladas que tenía cada aleta, similares a las de las focas actuales.

Eurhinosaurus:
Su maxilar superior era bastante más largo que el inferior, lo cual confería al reptil el aspecto de un actual pez espada. Sin embargo, su espada tenía dientes en toda su extensión. Llegaba a medir 2 m (6.5 ft). Poseía grandes ojos, que le habrían posibilitado el descenso a las zonas más profundas y oscuras del océano.

Ichthyosaurus: Su nombre significa «reptil pez». Medía unos 2 m (6.5 ft) de longitud y era mucho más hidrodinámico que sus antecesores. Tenía una aleta dorsal grande y sus extremidades eran en forma de paletas. Se encontraron cientos de esqueletos en Inglaterra y Alemania.

Temnodontosaurus:
Su nombre significa «reptil de dientes cortantes». Fue una de las especies más grandes, podía medir 9 m (29 ft) de longitud. Sus ojos eran enormes, de hasta 26 cm (10 in) de diámetro. Poseía extremidades pares en forma de aletas, compuestas de cinco a 12 dedos muy articulados y recubiertos por piel. Estas aletas tenían una estructura similar a las de las focas actuales.

¿**Cómo** fue cambiando el iguanodón?

Durante siglos, los huesos de gran tamaño hallados por la gente dieron origen a leyendas de dragones y otros monstruos. Hacia 1825 los naturalistas empezaron a considerar estos hallazgos como pertenecientes a animales que habían vivido en otras épocas y ya no existían. Los primeros restos fósiles de dinosaurio estudiados pertenecían al iguanodón, una especie de dinosaurio que habitó Europa durante el período Jurásico.

Uno de los primeros restos descubiertos fue una gruesa punta ósea. Al principio se creyó que era una cornamenta y se la colocó sobre el hocico del animal.

Ante el hallazgo de los dientes, surgieron dos posturas: algunos estudiosos creían que eran dientes de rinoceronte y otros que pertenecían a un reptil gigante. Finalmente, se confrontó esta dentadura con la de una iguana y se nombró al animal como *Iguanodon*: «dientes de iguana».

En su primera reconstrucción, el iguanodón era una enorme iguana cuadrúpeda, más parecida a un rinoceronte que a un reptil, con dientes de carnívoro y un cuerno en el hocico.

1825

Basándose en un puñado de dientes fósiles encontrados por su esposa, el médico británico Gideon Mantell describió el primer dinosaurio. A partir de entonces, los científicos admitieron que en la Tierra pudieron haber existido reptiles de dimensiones gigantescas.

1854

Tras el hallazgo de otras partes del esqueleto fosilizado, el naturalista británico Richard Owen, quien denominó dinosaurios o «lagartos terribles» a este grupo de animales extintos, realizó la primera reconstrucción del iguanodón a tamaño real.

Fiebre de dinosaurios

Los grandes descubrimientos de fósiles de principios de siglo xx desataron una verdadera fiebre de dinosaurios. Tal como sucede en la actualidad, estos animales adornaron hasta los envoltorios de golosinas.
En la imagen, un iguanodón en la cubierta de un chocolate francés de 1905.

CHOCOLAT D'AIGUEBELLE

IGUANODON BERNISSARTENSIS.

Una pareja para la paleontología

El matrimonio Mantell dedicó su vida a la paleontología. Fue Mary Ann, la esposa del naturalista, quien descubrió las piezas fósiles del dinosaurio durante un paseo por el bosque de Tilgate, en el sur de Inglaterra. Además, ella fue la encargada de dibujar y redactar los catálogos sobre el iguanodón.

Gideon Mantell y su esposa, Mary Ann Mantell

En la parte delantera de sus mandíbulas no poseía dientes, sino un pico óseo que usaba para morder las hojas. Los dientes posteriores eran como los de una iguana, aunque más grandes. En total, tenía unas 100 muelas.

Se descubrió que lo que se había creído un cuerno del hocico, en realidad era una robusta uña situada en el primer dedo de la mano: arma defensiva y utensilio para excavar.

Se postuló que el iguanodón era un reptil vegetariano de grandes dimensiones, que caminaba en dos posturas: bípeda y cuadrúpeda.

1878	Actualidad
Un grupo de mineros que trabajaba en una excavación en Bernissart, Bélgica, descubrió restos fósiles a 320 m (1,049 ft) de profundidad. Tras un largo trabajo, se extrajeron unos 30 esqueletos, algunos completos, de iguanodón. El francés Louis Dollo fue el encargado de estudiarlos.	Los estudios más modernos volvieron a cambiarlo de aspecto. Hoy se sabe que medía unos 10 m (32 ft) de largo y 5 m (16 ft) de alto, y que habitó en territorio europeo, durante el Cretácico inferior.

¿**Qué** caracterizaba a los temibles *raptores*?

Comúnmente se llama «raptores» a un grupo de dinosaurios carnívoros de la familia de los dromeosáuridos. A pesar de que sus dientes eran pequeños, sus poderosas garras y su agilidad para correr a dos patas hacían de ellos los más temibles dinosaurios. En este grupo podemos encontrar a los mundialmente conocidos *Velociraptor*, al feroz *Utahraptor* de Estados Unidos y a los veloces *Deinonychus*.

Raptores de película

Los *Velociraptor* se hicieron famosos en *Parque Jurásico,* la saga de películas de Steven Spielberg. Sin embargo, su imagen difiere bastante de cómo se habrían visto en el Cretácico. En principio, eran mucho más pequeños que los creados para el filme, ya que medían menos de la mitad. Además, actualmente se sabe que estaban recubiertos de plumas.

El *Velociraptor* apenas alcanzaba los 2 m (6.5 ft) de largo y tenía una estructura muy ligera, que raramente sobrepasaba los 15 kg (33 lb) de peso.

Los primeros restos de *Velociraptor* fueron descubiertos en 1923, en el desierto de Gobi, Mongolia. Tienen una antigüedad de unos 80 millones de años, por lo que pertenecen al Cretácico superior.

Se sabe que este «raptor» era feroz, ya que en 1971 un grupo de paleontólogos polacos y mongoles encontró un ejemplar que intentaba abrir con su garra el vientre de otro dinosaurio. Esta garra medía 13 cm (5 in) de largo.

Este dinosaurio adquirió características propias de las aves, como brazos y manos gigantescos, plumaje y esqueleto de huesos huecos. Las plumas no le habrían servido para volar, sino para regular la temperatura corporal.

Su cola era rígida. Esta adaptación probablemente le aportaba equilibrio y estabilidad al girar, especialmente a altas velocidades.

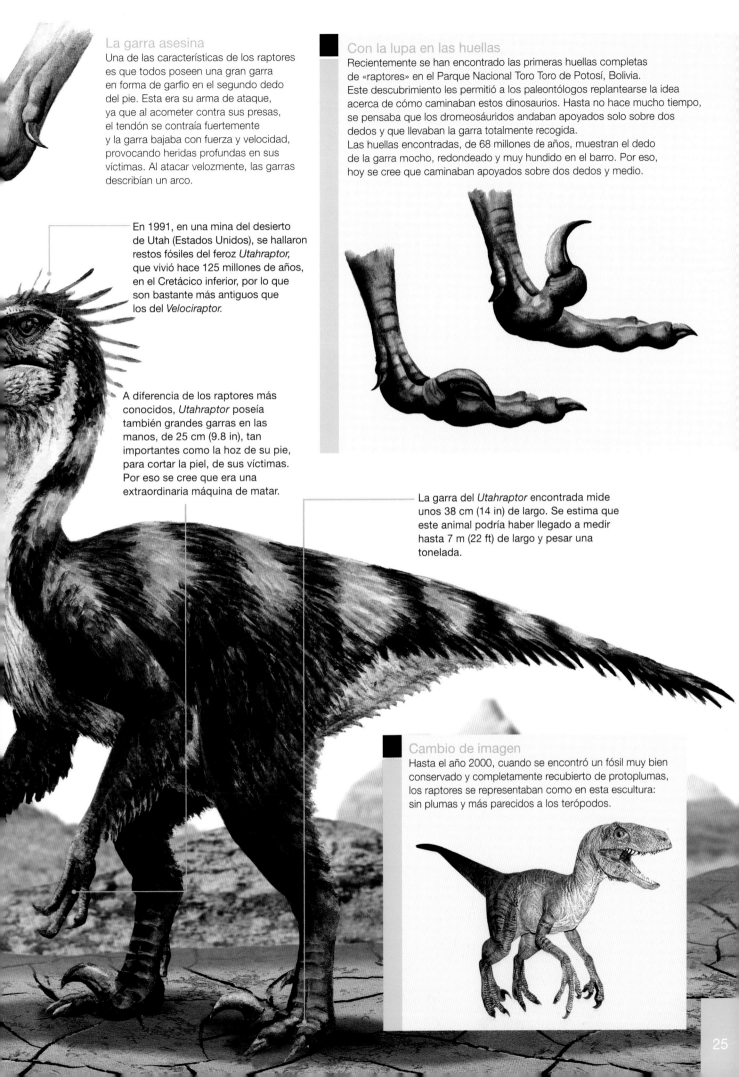

La garra asesina

Una de las características de los raptores es que todos poseen una gran garra en forma de garfio en el segundo dedo del pie. Esta era su arma de ataque, ya que al acometer contra sus presas, el tendón se contraía fuertemente y la garra bajaba con fuerza y velocidad, provocando heridas profundas en sus víctimas. Al atacar velozmente, las garras describían un arco.

En 1991, en una mina del desierto de Utah (Estados Unidos), se hallaron restos fósiles del feroz *Utahraptor,* que vivió hace 125 millones de años, en el Cretácico inferior, por lo que son bastante más antiguos que los del *Velociraptor.*

A diferencia de los raptores más conocidos, *Utahraptor* poseía también grandes garras en las manos, de 25 cm (9.8 in), tan importantes como la hoz de su pie, para cortar la piel, de sus víctimas. Por eso se cree que era una extraordinaria máquina de matar.

Con la lupa en las huellas

Recientemente se han encontrado las primeras huellas completas de «raptores» en el Parque Nacional Toro Toro de Potosí, Bolivia. Este descubrimiento les permitió a los paleontólogos replantearse la idea acerca de cómo caminaban estos dinosaurios. Hasta no hace mucho tiempo, se pensaba que los dromeosáuridos andaban apoyados solo sobre dos dedos y que llevaban la garra totalmente recogida.
Las huellas encontradas, de 68 millones de años, muestran el dedo de la garra mocho, redondeado y muy hundido en el barro. Por eso, hoy se cree que caminaban apoyados sobre dos dedos y medio.

La garra del *Utahraptor* encontrada mide unos 38 cm (14 in) de largo. Se estima que este animal podría haber llegado a medir hasta 7 m (22 ft) de largo y pesar una tonelada.

Cambio de imagen

Hasta el año 2000, cuando se encontró un fósil muy bien conservado y completamente recubierto de protoplumas, los raptores se representaban como en esta escultura: sin plumas y más parecidos a los terópodos.

¿**Cómo** vivían los Triceratops?

Hace 70 millones de años, durante el Cretácico tardío, grandes manadas de dinosaurios corpulentos, conocidos como *Triceratops,* se desplazaban por el oeste de América del Norte, comiendo vegetales fibrosos y semillas. El *Triceratops* tenía una enorme cabeza con tres cuernos, de la que derivó su nombre (*tri:* tres; *keratos:* cuernos; *ops:* cara). Los cuernos eran su arma de defensa contra los depredadores y aquellos competidores de su misma especie.

Desarrolló un gran caparazón óseo, como extensión del cráneo, que le servía para proteger su cuello del ataque de sus depredadores.

Poseía dos cuernos de hasta 1 m (3 ft) de longitud, ubicados sobre cada uno de sus ojos. El otro cuerno estaba sobre el hocico y llegaba a medir 20 cm (7.8 in).

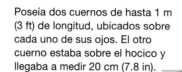

Una máquina de guerra

Su conducta era pasiva, mientras no se sintiera amenazado. En ese caso, arremetía contra su agresor con la cabeza gacha y los cuernos hacia delante, a una velocidad de hasta 35 km/h (21 m/h). Su comportamiento era similar al de los actuales rinocerontes. No sólo se enfrentaba a sus depredadores, como el *Deinonychus,* sino que también lo hacía con los de su misma especie para disputar la supremacía de la manada o una hembra. En estas ocasiones, los *Triceratops* se empujaban y forcejeaban con los cuernos trabados para demostrar cuál era el más fuerte.

Su boca en forma dé pico córneo, similar al de un loro, le servía para cortar las plantas más fibrosas y duras, que luego iba triturando con sus dientes afilados como tijeras.

Su cuerpo era grueso, y sus patas traseras eran mucho más largas que las delanteras.

Fósil de un cráneo de *Triceratops*. Estos animales medían hasta unos 3 m (9 ft) de altura y 10 m (32 ft) de largo, de los cuales casi un tercio correspondía al cráneo. Un *Triceratops* podía pesar hasta seis toneladas.

Tenía un cuello corto y rígido para poder soportar el peso y la fuerza de los embates que daba con su gran cabeza.

Debido al gran peso de la cabeza, sus miembros delanteros eran muy fuertes y con gran musculatura.

Otros ceratópsidos

El *Triceratops* pertenecía a la familia de los ceratópsidos, un grupo de dinosaurios corpulentos caracterizados por tener el hocico en forma de pico ganchudo y una especie de coraza como extensión del cráneo, a menudo con cuernos, que los protegía de los ataques y contenía vasos sanguíneos bajo su superficie que les servían para irradiar el exceso de calor. Los que se muestran a continuación vivieron en el Cretácico tardío.

Pentaceratops: sus fósiles se encontraron en Nuevo México. Poseía cinco cuernos y llegaba a 6 m (19 ft) de longitud.

Protoceratops: es el más antiguo, fue encontrado en Mongolia. Tenía un cuerno nasal ancho y picudo. Es el más pequeño de todos.

Styracosaurus: fue hallado en Norteamérica. Poseía numerosos cuernos que surgían de la coraza y un gran cuerno nasal.

Anchiceratops: se lo halló en Norteamérica. Tenía tres cuernos y una cabeza más aerodinámica.

¿**Cuál** fue el dinosaurio
carnívoro más grande?

Sus patas fuertes indican que tal vez fue un animal lento y pesado. Esto no habría sido un problema, ya que se alimentaba de los gigantescos saurópodos que habitaban su territorio. Se sabe también que comía carroña, es decir, animales muertos.

Los mayores dinosaurios carnívoros pertenecen al grupo de los carnosaurios, enormes terópodos que por su peso y tamaño no podrían haber corrido muy rápidamente. El giganotosaurio (*Giganotosaurus)* es el carnívoro más grande encontrado hasta el momento, con 13,70 m (44 ft) de largo, 4 m (13 ft) de altura y un peso de 9 toneladas. Sus fósiles se hallaron en la Patagonia argentina y superan en tamaño a los de su pariente del norte, el tiranosaurio.

Otro gigante de la Patagonia

En 1997 los paleontólogos Rodolfo Coria y Philip J. Currie junto con su equipo desenterraron los restos de una especie de dinosaurios carnívoros de enormes dimensiones, de 100 millones de años de antigüedad. Los llamaron maposaurios, en honor a los mapuches, habitantes originarios del lugar. En el yacimiento encontraron siete ejemplares, que alcanzaban los 12,50 m (41 ft) de largo y un peso de 5 toneladas. Este hallazgo permite pensar que atacaban en manadas a los grandes saurópodos de la región.

Uno de los carnosaurios más antiguos

El alosaurio es un carnívoro que vivió en el período Jurásico tardío entre 156 y 144 millones de años atrás. Medía unos 12 m (39 ft) de largo y pesaba hasta 2 toneladas. Es uno de los dinosaurios de los que se tiene más información, ya que se han encontrado restos fósiles de especies familiarizadas en el oeste de Estados Unidos, en Portugal, en China y en Australia. Se alimentaba de pequeños dinosaurios, de lagartos y de mamíferos. Sobre el cráneo poseía un par de cuernos romos y dos hileras de protuberancias.

Tenía un cuello corto y musculoso que le permitía, de un solo movimiento, desgarrar cualquier cosa que mordiera.

En 1993 se encontraron los primeros restos fósiles de este gigante carnívoro, bautizado *Giganotosaurus Carolinii*. El dinosaurio estaba casi completo, se halló más del 70% de su esqueleto, y tenía unos 95 millones de años de antigüedad.

Dentro de su boca, fácilmente podría tumbarse un chico de diez años. Sus dientes tenían 15 cm (6 in) de largo y eran curvos como dagas.

A pesar de que sus miembros delanteros son cortos, poseen garras y no están atrofiados como en los tiranosaurios. Esto permite suponer que podrían haber cazado a las presas vivas aferrándolas con sus garras.

Más grande que T-rex

Mucho se ha hablado de la ferocidad y el tamaño del gran tiranosaurio *(Tyrannosaurus rex),* el tirano de los reptiles. Sin embargo, los recientes hallazgos realizados en el hemisferio sur demuestran que hubo dinosaurios carnívoros muchos más grandes y temibles.

Giganotosaurio

Tiranosaurio

¿**Cómo** volaban los pterosaurios?

Los antiguos reptiles conocidos como pterosaurios fueron los primeros en conquistar el aire, hace 190 millones de años, en el período Jurásico, y se extinguieron a finales del Cretácico. Aunque se desplazaban por los cielos volando de una manera muy lograda, no eran aves, ni tampoco estas son sus descendientes. Muchos de ellos contaban con una gran cola y grandes alas cubiertas de piel (como los murciélagos actuales) especiales para planear.

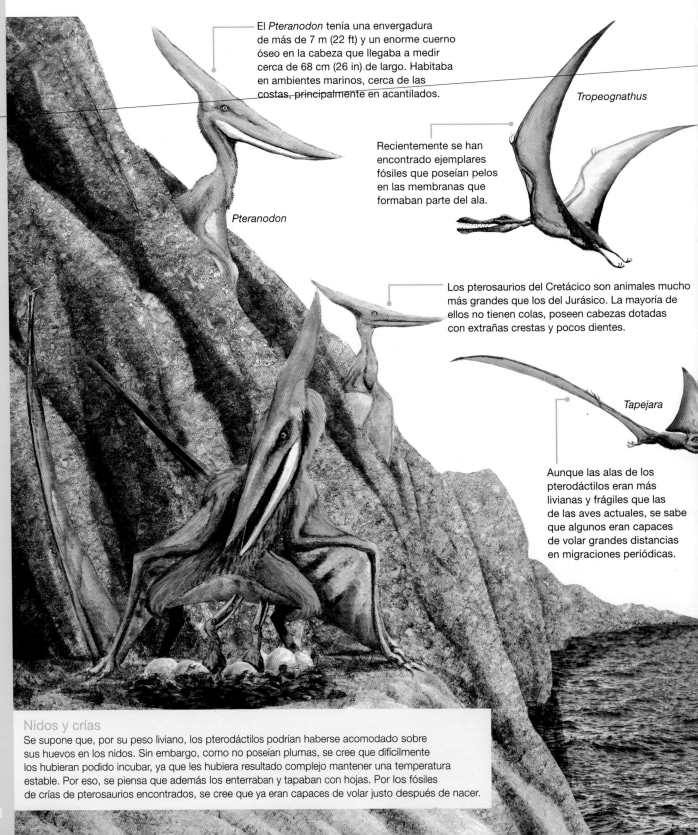

El *Pteranodon* tenía una envergadura de más de 7 m (22 ft) y un enorme cuerno óseo en la cabeza que llegaba a medir cerca de 68 cm (26 in) de largo. Habitaba en ambientes marinos, cerca de las costas, principalmente en acantilados.

Tropeognathus

Recientemente se han encontrado ejemplares fósiles que poseían pelos en las membranas que formaban parte del ala.

Pteranodon

Los pterosaurios del Cretácico son animales mucho más grandes que los del Jurásico. La mayoría de ellos no tienen colas, poseen cabezas dotadas con extrañas crestas y pocos dientes.

Tapejara

Aunque las alas de los pterodáctilos eran más livianas y frágiles que las de las aves actuales, se sabe que algunos eran capaces de volar grandes distancias en migraciones periódicas.

Nidos y crías

Se supone que, por su peso liviano, los pterodáctilos podrían haberse acomodado sobre sus huevos en los nidos. Sin embargo, como no poseían plumas, se cree que difícilmente los hubieran podido incubar, ya que les hubiera resultado complejo mantener una temperatura estable. Por eso, se piensa que además los enterraban y tapaban con hojas. Por los fósiles de crías de pterosaurios encontrados, se cree que ya eran capaces de volar justo después de nacer.

El pterosaurio más grande podría cubrir con sus alas a varios coches.

De todos los tamaños

Los pterosaurios tenían tamaños de lo más variados: los había pequeños como gorriones y hasta mucho más grandes que un albatros. El más grande que se ha encontrado hasta ahora es uno hallado en Rumania, el *Hatzegopteryx,* de 13 m (42 ft) de envergadura. También se encontraron especies grandes en el territorio de México, los *Quetzalcoatlus,* que llegaban a medir 12 m (39 ft). Según los científicos, una de las razones por las que fueron tan grandes es que nunca dejaban de crecer. Los pterodáctilos más comunes, sin embargo, medían lo mismo que un pollo o un cuervo.

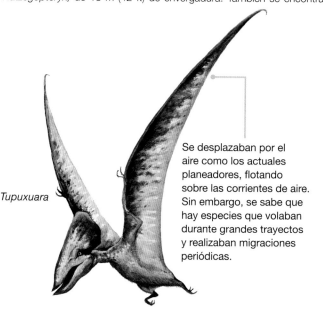

Tupuxuara

Se desplazaban por el aire como los actuales planeadores, flotando sobre las corrientes de aire. Sin embargo, se sabe que hay especies que volaban durante grandes trayectos y realizaban migraciones periódicas.

Los primeros reptiles voladores

Las primeras especies de pterosaurios aparecieron en la actual Italia, y se fueron expandiendo lentamente, a lo largo de unos 200 millones de años, por todo el globo. Eran animales pequeños, del tamaño de una gaviota, que tenían largas colas, cabezas pequeñas y numerosos dientes.

El *Rhamphorhynchus* fue uno de los primeros vertebrados que pudieron volar. Habitó el norte de África y Europa en el Jurásico tardío, hace cerca de 150 millones de años.

Las alas de los pterosaurios

Antiguamente, los pterosaurios fueron llamados pterodáctilos («dedo con alas») debido a que sus alas se sostenían sobre uno o dos de los dedos extremadamente alargados de sus patas delanteras. Esto los diferenciaba de los pájaros, cuyas alas evolucionaron de las patas delanteras completas. Además, no estaban cubiertos por plumas, sino por unas membranas muy livianas, similares a las de los murciélagos actuales.

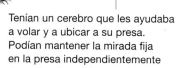

Tenían un cerebro que les ayudaba a volar y a ubicar a su presa. Podían mantener la mirada fija en la presa independientemente de cuáles fueran los movimientos que hiciera su cuerpo.

Algunos, como el *Anhanguera,* tenían dientes en forma de colador (tamiz) que podían utilizar para filtrar comida de las aguas de estanques y pantanos, parecido a lo que hacen hoy en día los flamencos.

Anhanguera

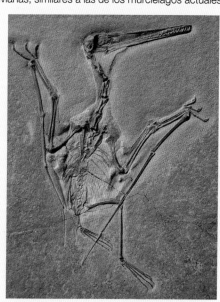

Sus esqueletos eran «superlivianos»: huesos delgados y huecos, rellenos con un sistema de sacos aéreos.

¿**Cuál** fue el dinosaurio más pequeño?

S iempre ha causado asombro el tamaño de los dinosaurios; sin embargo, no todos alcanzaron grandes dimensiones y, en la actualidad, se conocen muchas especies que no superaban el tamaño de un perro. Los pequeños tenían algunas ventajas que les permitían sobrevivir en tierras de gigantes: eran livianos y algunos poseían patas muy largas para su tamaño, lo que los hacía rápidos. También podían esconderse en la espesura y, como tenían un cerebro proporcionalmente más desarrollado, eran más listos que sus primos más corpulentos.

Un pequeño italiano
En la década de 1990 fue encontrado un esqueleto de *Scipionyx* magníficamente preservado en las rocas más bajas del Cretácico en Italia. Estaba tan bien fosilizado que se había preservado algo de la anatomía blanda, como los pulmones y los intestinos. La manera en que los huesos se hallaban articulados indica que este espécimen de *Scipionyx*, de solo 25 cm (9.8 in) de largo, era un ejemplar joven.

1 m
(3 ft)

90 cm
(35 in)

80 cm
(31 in)

70 cm
(27 in)

60 cm
(23 in)

50 cm
(19 in)

40 cm
(15 in)

30 cm
(11 in)

20 cm
(7.8 in)

10 cm
(3.9 in)

0 cm
(0 in)

Microceratops, 76 cm (29.9 in): su nombre significa «pequeña cara con cuernos». Era un ceratópsido, como el *Triceratops,* con pico de loro y una placa ósea en el cuello, pero del tamaño de un pavo. Sus movimientos eran mucho más rápidos que los del resto de su familia, pues sus patas traseras eran estilizadas. Habitó la árida Mongolia actual hace más de 70 millones de años.

Epidendrosaurus, 15 cm (5.9 in): era un pequeño dinosaurio emplumado, del tamaño de un gorrión, que perteneció a la familia de los *Maniraptors,* de la cual evolucionaron las aves. Tenía el tercer dedo de sus extremidades superiores desmesuradamente alargado, lo que le habría permitido subirse a los árboles. Fue hallado en la formación de Yixian, en China, en rocas de finales del Jurásico.

Liaoningosaurus, 34 cm (13 in): fue un pequeño dinosaurio acorazado, de la familia de los anquilosaurios, cuyo fósil juvenil completo se halló en el año 2006 en la formación de Liaoning en China. Vivió durante el Cretácico temprano. Tenía una característica particular: no solo estaba cubierto por una armadura, sino que disponía de una placa ósea que le blindaba incluso el abdomen.

Micropachycephalosaurus, 35 cm (13.7 in): su nombre significa «reptil de pequeña cabeza engrosada» porque lucía una especie de casquete en la parte trasera del cráneo. Este le servía para combatir con otros machos por las hembras o por la supremacía de la manada. Caminaba sobre dos patas y solía alimentarse de pequeñas plantas, como hojas o helechos. Vivió en China hace 75 millones de años, a finales del período Cretácico.

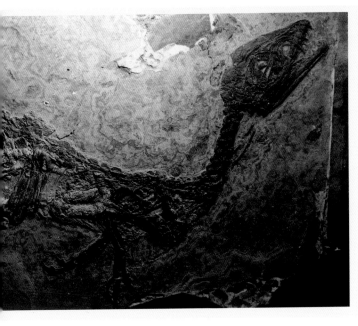

Fotografía del esqueleto del *Scipionyx* fosilizado.

Imagen de la reconstrucción del aspecto del *Scipionyx*.

Lesothosaurus, 90 cm (35 in): este herbívoro vivió a comienzos del Jurásico en las calurosas y áridas regiones de Lesotho y Sudáfrica; por eso, su nombre significa «lagarto de Lesotho». En forma y tamaño era similar a un lagarto, pero corría sobre dos patas. Sus miembros traseros eran mucho más largos que los delanteros, los cuales tenían pequeñas «manos» de cinco dedos.

Compsognathus, 1 m (3 ft): como poseía 68 dientes mortíferos, su nombre significa «mandíbula bonita». Es el dinosaurio carnívoro más pequeño que se ha encontrado. Sus ojos miraban hacia delante, como los de los depredadores actuales. Se alimentaba de insectos y lagartos. Su cuerpo alargado pesaba unos 3 kg (6.6 lb) y era un veloz corredor. Vivió a finales del Jurásico en muchos lugares de Europa, especialmente en Alemania y Francia.

¿**Cómo** cazaban los Deinonychus?

Alcanzaba longitudes de entre 2 y 3 m (6 y 9 ft), y un peso de 50 a 70 kg (110 y 154 lb). Los conocidos *Velociraptor* de la película *Parque Jurásico* son, en realidad, *Deinonychus* ligeramente agrandados y sin plumas, como se los representaba antiguamente.

E l *Deinonychus* o «garra terrible» fue uno de los depredadores más feroces del Cretácico inferior: poseía enormes garras curvas puntiagudas y dientes afilados, capaces de desgarrar la carne de sus víctimas. Vagaba junto con la manada y al encontrar un dinosaurio grande, como el *Tenontosaurus,* lo atacaban en grupo. Era un «raptor» típico, un depredador pequeño y veloz cubierto de plumas primitivas, pero incapaz de volar. Se supone que fue un antepasado de las aves.

El segundo dedo de su pata trasera poseía una garra en forma de hoz de 13 cm (5 in). Al correr, mantenía retraída esta enorme garra, y así evitaba tropiezos a causa del roce con el suelo.

Su cola era larga y podía mantenerla rígida al correr, gracias a unos tendones huesudos ligados a las vértebras caudales. Estos tendones le permitían golpear, derribar o atacar a sus presas con la cola.

Atacaban saltando sobre la presa, luego la mordían en el cuello y la golpeaban violentamente con la cola. Los *Deinonychus* cooperaban en la caza; así podían alimentarse de animales mucho mayores que ellos, como lo harían hoy en día las hienas.

Los paleontólogos cuentan...
Los primeros fósiles de *Deinonychus* fueron encontrados en 1964 por John Ostrom y su equipo en Montana, Estados Unidos. Tiempo después se hallaron restos fósiles de cuatro *Deinonychus* atacando a un *Tenontosaurus,* lo que dio una pista de cómo se comportaban al cazar junto con la manada, lo que demostró su inteligencia y agilidad. Este descubrimiento revolucionó la paleontología, ya que hasta ese momento se pensaba que los dinosaurios eran animales lentos, solitarios y poco inteligentes.

En las manos presentaban tres dedos, provistos de uñas largas y curvadas, con los cuales se aferraban a sus víctimas mientras las desgarraban con la garra de las patas o las mordían.

Como para asustarse

En el cráneo del *Deinonychus* se observan muchos espacios vacíos; los científicos creen que su cabeza no pesaba mucho, porque no era de hueso macizo. También advirtieron que poseía amplias cuencas oculares. Esto hace creer que el animal poseía una gran agudeza visual, ideal para avistar a sus presas a grandes distancias.

Los paleontólogos piensan que, como eran rápidos corredores, debieron de haber tenido un metabolismo alto que generara calor; esto haría del *Deinonychus* un animal de sangre caliente. Es probable, entonces, que se hallaran recubiertos de plumas para ayudarse a regular la temperatura corporal.

Su cuerpo alargado se apoyaba sobre sus dos fuertes patas traseras para caminar, saltar, correr u atacar. Si hacía falta, cuando iba tras una presa o al escapar de un depredador mayor, podía llegar a alcanzar los 40 km/h (24 m/h).

El *Tenontosaurus* fue un dinosaurio herbívoro que habitó las praderas del oeste de Norteamérica a principios del Cretácico. Llegaba a medir 6,50 metros (21 ft), el doble que un *Deinonychus.* Se han encontrado muchos fósiles de esta especie con dientes o marcas de este depredador.

Otros vecinos de la pradera norteamericana

Así como se descubrió que los *Deinonychus* vivían en manadas y que una de sus presas favoritas eran los *Tenontosaurus,* en las praderas que se extendían por la actual región de Montana, en Estados Unidos, diversidad de especies de dinosaurios convivieron con ellos, hace 120 millones de años. Algunas de estas especies son:

Los *Acrocanthosaurus*

Al igual que en la actual sabana africana, la lucha entre depredadores era cruel y despiadada en la Norteamérica del Cretácico. Uno de los principales carcharodontosáuridos, (carnívoros «con dientes de tiburón») que les disputaba el alimento era el *Acrocanthosaurus* o «reptil de grandes espinas», que llegó a medir hasta 13 m (42 ft) de longitud, 5 m (16 ft) de altura y a pesar entre tres y cinco toneladas. Sobre la columna vertebral tenía una cresta de 30 cm (11 in) de altura que le recorría el lomo. Esta pudo servirle para calentarle la sangre con el calor del sol.

Los *Zephyrosaurus*

Los *Zephyrosaurus* son las gacelas de principios del Cretácico y probablemente sobrevivieron al ataque de los *Deinonychus*, al igual que las actuales: en alerta constante, dispuestas a salir huyendo ante la menor señal de peligro. Tenían una longitud de 1,50 m (4.9 ft), cabeza pequeña y muslos largos, lo que les permitía correr a gran velocidad para escapar de sus enemigos. Además, vivían en manadas, lo que facilitaba su supervivencia. Se alimentaban de brotes de plantas y hojas, que arrancaban con su pico óseo y luego masticaban una y otra vez con sus dientes posteriores, como las gacelas.

¿**Cuál** es el mayor dinosaurio
herbívoro encontrado?

Hace 95 millones de años, el sur del continente americano era la tierra de los dinosaurios gigantes. Entre los fósiles allí encontrados, se hallaron restos de un enorme saurópodo: un dinosaurio herbívoro de cuello largo y cabeza pequeña que fue llamado *Argentinosaurus.* El estudio de estos restos permitió saber que medía entre 38 y 42 m (124 y 137 ft) de largo. Hasta el momento, se lo considera el animal más grande que ha pisado nuestro planeta.

Los restos del *Argentinosaurus* fueron descubiertos en la provincia del Neuquén (Argentina), en 1987, y ya en 1993 se catalogaron como fósiles de una nueva especie.

Antiguamente, el territorio estaba rodeado de grandes ríos, tenía abundante vegetación y climas favorables. Esto permitió el desarrollo de un ecosistema boscoso y húmedo que dio lugar a los reptiles gigantes.

Otros gigantes: *Brachiosaurus* y *Supersaurus*

El *Brachiosaurus* fue considerado el herbívoro más grande conocido durante casi todo el siglo xx: podía medir 25 m (82 ft) y pesar unas 70 toneladas. Al igual que las jirafas, sus patas delanteras eran más largas que las traseras.

El *Supersaurus* fue descubierto en Norteamérica, en 1985, y desbancó a su pariente *Brachiosaurus*. Medía 16 m (52 ft) de alto, 26 m (85 ft) de largo y su peso se estimó en unas 75 toneladas. Podía llegar a comer 2300 kg (5,030 lb) de plantas al día.

Supersaurus

Brachiosaurus

¿Los hay más gigantescos?

La paleontología avanza de acuerdo con los hallazgos que se realizan día a día. En julio de 2006 se confirmó el hallazgo de otro saurópodo gigante en la Patagonia argentina: el *Puertasaurus reuilli.* De este dinosaurio, que vivió hace unos 70 millones de años atrás, se encontraron algunas vértebras del cuello, del lomo y de la cola.

La vértebra del cuello mide 1,20 m (3.9 ft) de largo y casi 1,40 m (4.5 ft) de ancho. Pero lo más sorprendente es que la primera vértebra de su espalda llega a medir 1,70 m (5.6 ft) de ancho y supera a la de su pariente el *Argentinosaurus huinculensis.*

Muchos metros de cuello

El cuello del *Argentinosaurus* era tan largo
como un autobús. Medía entre 10 y 12 m
(32 y 39 ft).

Algunas de las vértebras
dorsales encontradas miden
1,60 m (5.2 ft) de altura y se
encontraban articuladas
entre sí mediante complejas
estructuras de encastrado
para soportar el peso.

El fémur alcanza
los 2,50 m (8.2 ft) de
longitud. Por el análisis de
sus huesos, se estima que
pesaba unas 80 toneladas.

Bosques petrificados

La gran cantidad de troncos petrificados
encontrados en la Patagonia argentina dan
testimonio de los bosques que poblaban la región.
El *Argentinosaurus* y otros grandes titanosaurios
se alimentaron del follaje de estos árboles colosales.

¿**Qué** caracterizó al grupo de los hadrosaurios?

Los hadrosaurios se conocen usualmente como «dinosaurios con pico de pato». Sus cabezas alargadas lucían un pico sin dientes en el frente, pero con miles de molares apretados en varias hileras, que les servían para triturar vegetales duros, como hojas de pino, frutos secos, ramas y semillas. Vivieron en grandes manadas en los paisajes del Cretácico tardío de lo que hoy es Norteamérica, Asia y Europa. Hay numerosas especies, que midieron entre 4 y 15 m (13 y 49 ft) de longitud, la mayoría con crestas vistosas y coloridas sobre la cabeza.

Una mamá hadrosaurio
Maiasaura era un hadrosaurio con una cabeza plana con un pequeño cuerno. Sus restos se preservaron junto a un nido en forma de cráter con cáscaras de huevos rotos y algunas crías. Las crías medían unos 50 cm (19 in) de largo. Habitó en la región de Montana (Estados Unidos), hace 75 millones de años.

El *Corythosaurus* era un gran hadrosaurio de 12 m (39 ft) de largo, 6 m (19 ft) de alto y que pesaba casi como un rinoceronte, cerca de 2 toneladas. Su nombre significa «reptil con yelmo». Vivió en Alberta, Canadá, y en Montana, Estados Unidos, a finales del Cretácico.

Tenía una cresta redondeada, de unos 30 cm (11 in) de altura, parecida a un antiguo casco griego; se cree que era de vivos colores. Esta cresta hueca le habría permitido emitir potentes sonidos para mantenerse en contacto con su grupo o para ahuyentar a sus enemigos.

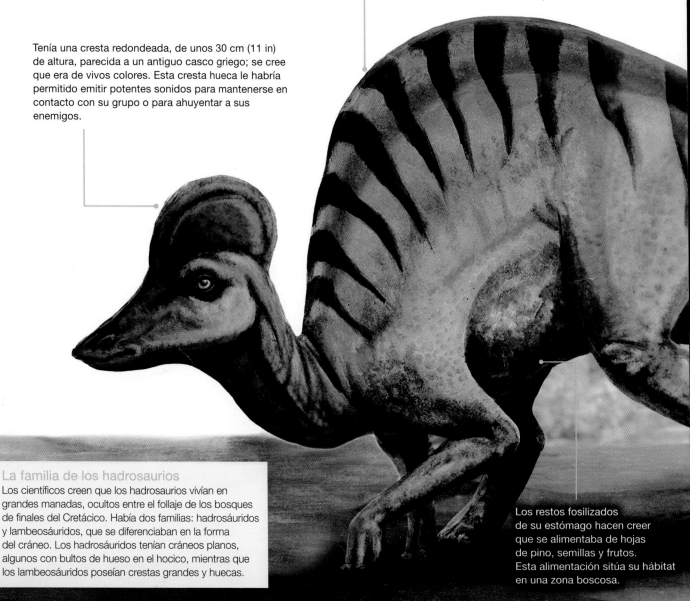

La familia de los hadrosaurios
Los científicos creen que los hadrosaurios vivían en grandes manadas, ocultos entre el follaje de los bosques de finales del Cretácico. Había dos familias: hadrosáuridos y lambeosáuridos, que se diferenciaban en la forma del cráneo. Los hadrosáuridos tenían cráneos planos, algunos con bultos de hueso en el hocico, mientras que los lambeosáuridos poseían crestas grandes y huecas.

Los restos fosilizados de su estómago hacen creer que se alimentaba de hojas de pino, semillas y frutos. Esta alimentación sitúa su hábitat en una zona boscosa.

Crestas y más crestas

Sus crestas quizá estaban cubiertas de piel y escamas de vivos colores. Presentaban *dimorfismo sexual,* es decir, eran diferentes en machos y hembras. Las habrían utilizado para enviar señales visuales a sus parejas y rivales. Además, por la forma de la cresta se habrían reconocido dentro de las grandes manadas que correteaban mezcladas por las lindes de los bosques del Cretácico, como lo hacen hoy en día gacelas, antílopes y ñúes en la sabana africana.

Lambeosaurus: tenía una cresta en la parte superior de la cabeza en forma de mitón, con un dedo apuntando hacia atrás. Alcanzaba los 15 m (49 ft) de largo, por lo que fue uno de los hadrosáuridos más grandes. Vivió en el Cretácico superior, en Canadá, Estados Unidos y México.

Tsintaosaurus: su aspecto asemejaba el de un unicornio. Fue descubierto en Tsintao, en China. Pudo llegar a medir hasta 10 m (32 ft) de longitud. Vivió hace unos 70 millones de años, a finales del período Cretácico.

Saurolophus: su cráneo alargado hacia atrás terminaba en un cuerno corto. Sobre el hocico tenía un saco inflable que podría haberle servido para emitir sonidos. Medía 12 m (32 ft) de largo y 4 (13 ft) de alto. Vivió en el Cretácico superior, en Norteamérica y en Asia.

El primer dinosaurio de este grupo que se halló fue llamado *Hadrosaurus,* que significa «lagarto gigante», y da nombre a toda la familia. No presentaba cresta, sino unas protuberancias sobre el cráneo. Llegó a medir hasta 10 m (32 ft) de longitud. Vivió hace 80 millones de años en Alberta, Canadá, y en Nueva Jersey, Estados Unidos.

Caminaba probablemente a cuatro patas la mayor parte del tiempo. Para huir de los depredadores más deprisa, corría erguido sobre las patas traseras, manteniendo el equilibrio de su pesado cuerpo con la cola, que era también larga y rígida.

Un coro de trompetas

Dentro de las crestas de los *Lambeosaurus* había conductos nasales con recovecos que les habrían permitido obtener una variedad de bramidos o trompeteos característicos. Estos sonidos les servirían para reconocerse y también para alertar a las manadas del peligro.

¿**Cómo** se alimentaban los tiranosaurios rex?

El tiranosaurio rex (*Tyrannosaurus rex*) es el más famoso de los dinosaurios carnívoros. Su nombre significa «el rey de los lagartos tiranos». Sin embargo, actualmente se cree que muchas de sus características eran más útiles para robarle la comida a otro cazador que para dedicarse él mismo a cazar; o sea, que es más probable que fuera un gigante carroñero que un feroz depredador. No obstante, los paleontólogos no descartan que haya sido las dos cosas a la vez.

Algunos científicos creen que era carroñero porque tenía un olfato semejante al del buitre, ya que sus lóbulos olfativos eran tan grandes como su cerebro. Podría haber olfateado animales muertos a grandes distancias.

Le habría resultado fácil espantar a cualquier otro animal de la presa recién cazada, debido a su gran tamaño y enorme bocaza.

Su gran mandíbula y su dentadura le habrían permitido triturar huesos, algo que no precisa un depredador activo, que come la mejor parte de la presa: los músculos. Además, hay fósiles con restos de huesos en sus estómagos.

Sus diminutos brazos estaban atrofiados. No podría haberlos empleado para agarrar o atacar a una presa, ya que apenas tenía dos dedos, y mucho menos para levantarse en caso de caer.

Su gran tamaño, de 12 m (39 ft) de largo, le habría impedido realizar proezas de caza, como abalanzarse o saltar sobre una presa.

Cráneo: 1,20 m (3.9 ft) de largo

Mandíbulas poderosas

Su mordida tenía una fuerza de 4000 kg (8,818 lb); lo suficiente para partir por la mitad un coche. Con su cuello fuerte podía levantar cerca de 2800 kg (6,172 lb) y arrancar de un bocado 75 kg (165 lb) de carne.

Dientes: 18 cm (4.7 in)

Un depredador al acecho

Otro grupo de científicos sostiene que cazaba grandes herbívoros, más pesados que él, como los *Triceratops* y los hadrosaurios. Y que se comportaba como un carroñero cuando pasaba hambre, al igual que los leones de hoy en día.

Aunque mirara de frente, podía ver lo que pasaba a su alrededor.

Tenía una mandíbula poderosa, capaz de matar a sus presas de una dentellada.

Es posible que para atacar emboscara a sus presas, como hacen los tigres en la actualidad.

Un apretón de manos

Se dice que los brazos y las manos del tiranosaurio estaban atrofiados porque tenían el tamaño de un brazo humano y sus garras se habían reducido a solo dos dedos. Sin embargo, se cree que podían levantar hasta 200 kg (440 lb), lo que permite pensar que no eran tan inútiles.

La forma de sus piernas sugiere que no corría a gran velocidad, apenas a unos 18 km/h (11 m/h), muy poco para un depredador. Sin embargo, le habrían permitido recorrer grandes distancias hasta encontrar la carroña.

¿**Cómo** era el nido de un Oviraptor ?

E l primer fósil de este dinosaurio se encontró en el desierto de Gobi, en 1923, a muy poca distancia de un supuesto nido de *Protoceratops*. Como se creyó que estaba allí para alimentarse de esos huevos, se le dio el nombre de *Oviraptor* o «ladrón de huevos». Sin embargo, este nombre estuvo mal elegido, ya que años más tarde se halló un ejemplar que protegía el nido con sus brazos, al igual que lo hacen muchas aves actuales.

En la cabeza presenta un pico curvado, sin dientes, y una cresta ósea con la narina en la base. Además, poseía un par de dientes en el paladar.

Las hembras protegían los nidos del ataque de los depredadores y de las inclemencias climáticas. Además, alimentaban a sus crías hasta que podían salir solas del nido.

Un lugar en la Patagonia para desovar

Imaginemos manadas de cientos de dinosaurios herbívoros que migran en conjunto para depositar sus huevos en un lugar. Aunque parezca mentira, en la localidad de Auca Mahuida, de la provincia argentina de Neuquén, se encontraron numerosos nidos de dinosaurios herbívoros, muy cercanos entre sí, de hace 80 millones de años. Este descubrimiento permitió estudiar los hábitos de los titanosaurios y sus embriones. Las nidadas fueron halladas sin adultos, lo que indica que los herbívoros gigantes, conocidos como titanosaurios, no empollaban sus huevos. Antiguamente, era una zona de ríos tranquilos y de mucha vegetación, que servía de alimento a semejantes animales.

El cuerpo tiene miembros anteriores largos, con manos grandes, de estructura similar a las de los *Archaeopteryx*.

Estaba cubierto de protoplumas en el lomo, las extremidades superiores y la cola. Estas le permitían dar calor a los huevos por las noches y, al abrirlas en abanico, otorgarles sombra durante el día.

El huevo con sorpresa

Setenta años después del primer descubrimiento, se encontraron restos de un embrión y se supo que esos nidos, que originariamente se adjudicaron a los *Protoceratops,* eran en realidad de *Oviraptor.* En este huevo se observa la posición en que se desarrollaban estos dinosaurios.

Los nidos hablan

En este nido fosilizado se halló el esqueleto de una mamá *Oviraptor* empollando sus huevos. Al parecer, fue aplastada al intentar defender su nidada de una estampida de pesados *Protoceratops.*

El *Oviraptor* era liviano, pesaba solo 60 kg (132 lb), lo que facilitaba que pudiera incubar sus huevos. Sin embargo, llegaba a medir hasta 2 m (6.5 ft) de longitud y 1,50 m (4.9 ft) de altura.

Huevos de dinosaurios

Los últimos descubrimientos científicos en el campo de la paleontología revelaron que los huevos de dinosaurios aportan datos valiosos acerca del comienzo y la infancia de estos animales. Por ejemplo, a pesar de desplazarse erguidos en sus dos patas traseras, los primeros pasos de animales como el tiranosaurio habrían sido a cuatro patas. Sus embriones poseían unas cabezas de gran tamaño, que los habrían llevado a caminar gateando. En la imagen, foto de huevos de tiranosaurio rex.

Los embriones de titanosaurios encontrados en Anca Mahuida (Argentina) poseían un «diente de huevo» que les permitía romper la cáscara, similar al que poseen en la actualidad tortugas, cocodrilos y aves. Al crecer, esta protuberancia no se les caía, sino que era asimilada por el hueso del hocico. Los huevos medían entre 12 y 15 cm (4.7 y 5.9 in) de diámetro, con cáscaras de hasta 2 mm (0.07 in) de espesor. Los pequeños dinosaurios tenían al nacer entre 25 y 30 cm (9 y 11 in) de largo.

Poseía una cola alta y móvil en su extremo.

Construía nidos en los que ponía más de una docena de huevos. La cubierta de los huevos era dura, como la de las aves actuales, y llegaba a medir 20 cm (7 in) de largo por 6 a 8 cm (2 a 3 in) de ancho.

El descubrimiento de dos huevos maduros dentro de la pelvis de una hembra indica que esta especie producía los huevos de dos en dos, los ponía y después repetía el proceso hasta que el nido estaba lleno. Las aves hacen lo mismo, pero poniendo un huevo cada vez.

Vivía alrededor de lagos de agua dulce en tierras áridas, en lo que hoy se conoce como el desierto de Gobi, en Mongolia.

¿**Cómo** era el esqueleto de un Parasaurolophus?

El *Parasaurolophus* forma parte de un grupo de dinosaurios denominados hadrosaurios y conocidos vulgarmente como «pico de pato», por tener un pico chato y desdentado y numerosos dientes en el maxilar. Era un dinosaurio herbívoro que habitó los bosques cretácicos de América del Norte, cerca de ríos y lagos. Sobre el cráneo lucía una gran cresta, que podría haberle servido para respirar y producir sonidos.

Como estaba desprovisto de defensas naturales, se cree que sus sentidos del olfato, vista y oído eran muy agudos. Al avistar a un depredador, se lo comunicaba a su manada con algún estruendoso sonido que emitía a través de la cresta.

En la columna del *Parasaurolophus* había un hueco a la altura de los hombros, en el lugar donde la cresta debía tropezar contra la espalda cuando erguía el cuello. El tamaño de sus vértebras hace pensar que tenía una fuerte musculatura.

La cresta podía llegar a medir 1,80 m (5.9 ft) de longitud.

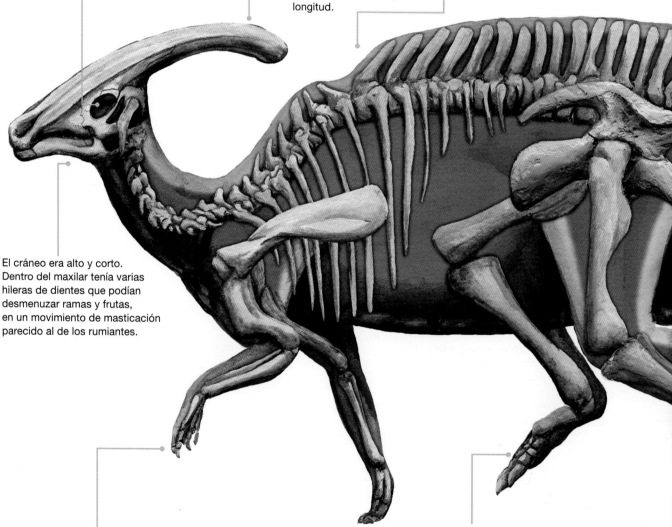

El cráneo era alto y corto. Dentro del maxilar tenía varias hileras de dientes que podían desmenuzar ramas y frutas, en un movimiento de masticación parecido al de los rumiantes.

Las extremidades eran fuertes y firmes; las delanteras, relativamente largas, tenían una mano de cinco dedos.

Los pies tenían tres dedos cortos, anchos y robustos, semejantes a pezuñas. Cuando se sentía amenazado, echaba a correr erguido sobre las patas traseras, con la cola extendida para equilibrarse.

Un ambiente rico

Vivía en manadas en los bosques cretácicos que existieron en el territorio de Alberta, en Canadá, y de Nuevo México y Montana, en Estados Unidos. En la actualidad, estos son sitios desérticos.

Un herbívoro muy grande

En el esquema se observa el tamaño que tendrían estos dinosaurios en comparación con el de un hombre: unos 10 m (32 ft) de largo. Pesaba, además, lo mismo que un elefante adulto: 2 toneladas.

Aprender a mirar fósiles

Algunas teorías hicieron pensar durante algún tiempo que la cresta permitía al *Parasaurolophus* respirar bajo el agua, a modo de *snorkle* de buceo, mientras buscaba plantas marinas que comer. Sin embargo, para que esto fuera posible, el tubo debería haber tenido arriba un orificio, y no era así, razón más que válida para que los científicos desecharan esta teoría.

Podía mover la cola de lado a lado como una aleta; por lo que se cree que era capaz de nadar hasta aguas profundas más seguras, dejando atrás a sus depredadores.

Una cresta muy particular

La cresta tenía cuatro tubos respiratorios (dos hacia arriba y dos hacia abajo) que la recorrían hasta la punta y regresaban a la boca. Parece ser que estos tubos aumentaban su capacidad olfativa y, por tanto, podían rastrear a sus depredadores. También podrían haber usado la cresta para producir sonidos semejantes a un trombón y así comunicarse entre ellos. Los fósiles del cráneo que se han encontrado prueban que las crestas de los machos adultos eran más grandes que las de las hembras y las crías.

¿**Cómo** era la armadura de los anquilosaurios?

C uando algo parece soldado, rígido y sin movimiento, decimos que está anquilosado, de ahí el nombre de estos dinosaurios, *Ankylosaurus.* Los anquilosaurios fueron una clase de dinosaurios herbívoros, con cadera de ave, que poseían sobre el lomo una armadura soldada que les permitía defenderse de sus atacantes. Estas enormes corazas de placas y púas los hicieron casi invulnerables, pero también lentos y pesados a la hora de huir. Poblaron el planeta durante todo el período Cretácico.

El *Polacanthus*

Uno de los más viejos nodosaurios habitó el territorio de la isla de Wight, Gran Bretaña, hace 132 millones de años. El *Polacanthus* tenía espinas pesadas que le protegían los hombros y la parte superior de la espalda, un escudo de hueso que le cubría la pelvis y dos líneas de púas verticales más pequeñas que recorrían la cola hasta el extremo. Llegó a medir 4 m (13 ft) de largo.

Moneda acuñada por la República Democrática del Congo en el año 1994, donde se observa la imagen de un *Polacanthus*.

El *Albertosaurus* era un tiranosáurido de 9 m (29 ft) de longitud. Sus fósiles de 67 millones de años se encontraron en Alberta, Canadá. Por aquel entonces, la región estaba cubierta de una selva exuberante.

Con un fuerte coletazo podía derribar al gran tiranosáurido y quebrarle una pata.

El más veloz

Minmi es uno de los pocos anquilosaurios encontrados en el hemisferio sur. Vivió en Oceanía durante el Cretácico inferior y, a diferencia del resto, medía solo 2 m (6.5 ft) y poseía unas patas más largas, que le habrían permitido correr. Tenía una coraza reforzada que se prolongaba cubriéndole también el vientre.

Los antepasados de los anquilosaurios pertenecen al grupo de los nodosaurios. Al igual que ellos, son dinosaurios con coraza de placas y espinas, pero sin mazo en la cola.

El *Sauropelta* vivió a principios del Cretácico en América del Norte (Montana y Alberta) y alcanzaba los 7,60 m (24 ft) de longitud. Tenía una larga cola de la que salía una serie de protuberancias en cada flanco.

El *Talarurus* vivió a finales del Cretácico en Mongolia, Asia, y alcanzó los 5 m (16 ft). Tenía un mazo pesado en el extremo de la cola, formado por tres bloques de hueso.

El *Ankylosaurus* era uno de los dinosaurios armados más grandes. Llegaba a medir 10 m (32 ft) y pesaba unas 7 toneladas.

Unas placas óseas gruesas y recubiertas de espinas le protegían la espalda. Sin embargo, si un atacante le daba la vuelta de un golpe, podía perder la batalla, ya que su vientre no tenía protección.

Una de las partes más impresionantes de su cuerpo era la cola muscular flexible rematada en un mazo huesudo, que podía moverse de lado a lado y derribar a cualquier oponente.

Su cráneo de 76 cm (29 in) de largo era amplio, pero con muy poco espacio para el cerebro. A ambos lados de la cabeza le nacían dos fuertes púas, y otras dos le surgían desde las mejillas. Tenía además un hocico plano y un pico sin dientes.

¿**Cuál** es el antepasado de las aves?

Los paleontólogos han descubierto que las aves actuales están estrechamente relacionadas con el grupo de los «raptores», esos dinosaurios carnívoros y veloces, al que pertenecen los *Velociraptor* y los *Deinonychus*. Este conjunto de animales se consideraría como los antepasados de los pájaros actuales. No obstante, hasta el momento, se supone que *Archaeopteryx* es el primer eslabón que deja atrás las características de los dinosaurios, para tomar las de las aves.

El vuelo del *Buitreraptor*

El *Buitreraptor* es un dinosaurio con características de ave, que vivió hace unos 95 millones de años en el sur de América. Tenía las extremidades delanteras como alas enormes con plumas cortas. Era del tamaño de un pavo, con cuello largo y un particular hocico, similar a un pico, con pequeños dientes separados entre sí. El *Buitreraptor* era un corredor rápido que, cuando saltaba sobre sus presas, podía extender este salto planeando con la ayuda de sus alas.

Poseía patas fuertes y una cola larga como la de los reptiles, pero emplumada.

Dinosaurios: abuelos de las aves

Las aves actuales no se parecen a los dinosaurios, pero aún conservan algunas de sus características; por ejemplo, se encuentran cubiertas de plumas y sus patas son similares: la mayoría de las aves tienen tres dedos hacia delante y uno hacia atrás. Más allá de las enormes diferencias de tamaño y de peso, esta distribución es semejante tanto para una paloma como para gran carnívoro como el giganotosaurio.

En sus pies tenía una disposición de los dedos parecida a la de pájaros arborícolas actuales. También poseía tres fuertes uñas en los dedos de la mano, que le habrían permitido escalar árboles y rocas.

Los primeros pájaros en la Tierra

En Kansas, Estados Unidos, vivieron algunas especies de aves que comían peces.
El *Ichthyornis,* de hace 90 millones de años, era un ave de tamaño similar al de un gorrión y ya era capaz de volar. Su aspecto era parecido al de un ave actual, a excepción del pico dentado.
El *Hesperornis,* de hace 79 millones de años, fue un ave que se especializó en la vida acuática. Al renunciar al vuelo, sus alas se redujeron a pequeñas protuberancias.
Se cree que era un gran nadador y que en tierra se desenvolvía con dificultad.
Su pico tenía dientes.

Hesperornis

Ichthyornis

Como sus músculos pectorales estaban poco desarrollados, no se sabe si, a pesar de tener alas, era capaz de realizar un vuelo activo como el de las aves actuales. Se piensa que las usaba para planear de un árbol a otro.

Tenía un pico dentado, que utilizaba para cazar los insectos de los que se alimentaba.

Un fósil con mucha historia

En 1861 un grupo de mineros hallaron en una cantera al sur de Alemania un fósil perfectamente conservado dentro de una piedra caliza. Era un animal pequeño, con tres dedos en cada mano y una larga cola de huesos, que vivió hace unos 145 millones de años. Si sus plumas no hubiesen quedado estampadas, los paleontólogos habrían pensado que se trataba de un reptil. Sin embargo, como tenía plumas, lo consideraron la primera ave y lo llamaron *Archaeopteryx*, que significa «ala antigua».

Por los restos fósiles encontrados, esta ave primitiva tenía el tamaño de un cuervo actual. Pero a diferencia de las aves modernas poseía garras en las alas y dientes en el pico.

¿**Cómo** nadaban los plesiosaurios?

Los plesiosaurios eran un grupo de reptiles, no dinosaurios, que evolucionaron para volver al mar. Aparecieron en épocas jurásicas tempranas y se extinguieron a finales del Cretácico. Formaron dos grupos importantes: los *plesiosaurios,* de cuello largo y cabeza pequeña, y los *pliosaurios,* de cuello corto y cabeza grande. Todos tuvieron cuatro extremidades en forma de grandes paletas que los convirtieron en veloces nadadores.

El monstruo del lago Ness
Cuenta la leyenda que en el lago Ness, al norte de Escocia, vive un monstruo marino: Nessie. Muchos piensan que es un plesiosaurio que sobrevivió a la extinción en el fondo del lago. Sin embargo, esto es imposible porque el lago se formó hace solo 10 000 años.

Con casi 22 m (72 ft) y una boca de 3 m (9 ft) de longitud, el *Liopleurodon* es el carnívoro marino más grande que ha existido. Su impresionante mandíbula estaba formada por dientes de 30 cm (11 in) de largo y poseía una fuerza tal que podía triturar los huesos de sus presas (ictiosaurios, plesiosaurios y hasta tiburones). *Liopleurodon* significa «dientes de caras lisas». Habitaba los mares europeos hace 150 millones de años.

Los abuelos de los tiburones
Como los esqueletos de los tiburones están hechos de cartílago y no de hueso, por lo general no se fosilizan; pero sí lo hacen sus mandíbulas y dientes. Los primeros registros fósiles de tiburones pertenecen al período Devoniano, hace 360 millones de años. Hay restos del *Hybodus shark,* un tiburón de 2 m (6.5 ft) de largo, en depósitos marinos del Jurásico alrededor de todo el mundo.

El *Elasmosaurus* es el plesiosaurio más largo conocido: alcanzaba los 14 m (45 ft) de largo. Solo su cuello medía 8 m (26 ft) y estaba articulado con 70 vértebras, lo que le permitía realizar maniobras acuáticas para alcanzar a sus presas tanto dentro como fuera del agua. Por su aspecto, parecía una gran serpiente marina unida a un cuerpo de tortuga. Vivió hace 85 millones de años.

El cronosaurio vivió hace 100 millones de años en los mares abiertos de Australia y fue un efectivo depredador que se alimentaba de otros reptiles, tortugas marinas, grandes peces y amonites. Su cráneo de 2,70 m (8.8 ft) de longitud albergaba numerosos dientes redondeados del tamaño de un plátano. Llegó a medir 13 m (42 ft) de largo.

Los plesiosaurios salían a la superficie a respirar e, incluso, a cazar.

Las hembras desovaban sobre la playa, excavaban un hoyo en la arena y después volvían arrastrándose al mar. Al igual que las tortugas marinas, cuando las crías salían del huevo, debían llegar al agua cuanto antes para no convertirse en alimento de varios depredadores.

El *Cryptoclidus* es un plesiosauro primitivo que vivió hace 165 a 150 millones de años. De tamaño mediano, 8 m (26 ft) de largo, tenía un cráneo levemente aplanado de 60 cm (23 in) y dientes largos, que pudo haber utilizado para pescar calamares y peces.

Sus aletas en forma de remos les habrían permitido «volar en el agua», en un movimiento parecido al de las tortugas actuales. Para avanzar empujaban hacia abajo las aletas delanteras, y para aumentar la velocidad, movían las traseras hacia atrás.

Las mandíbulas del mosasaurio

Los mosasaurios fueron otra especie de reptiles marinos y dominaron el mar a finales del Cretácico. Medían de 3,50 a 9 m (11 a 29 ft) y su columna de más de 100 vértebras les hacía posible moverse como anguilas. Hacia la mitad de la mandíbula inferior tenían una articulación que les permitía abrir la boca mucho y así engullir piezas de un solo bocado, al igual que las serpientes constrictoras.

¿Para **qué** usaban sus cuernos los carnotauros?

Los carnotauros vivieron hace unos 80 millones de años. Son una especie de dinosaurio carnívoro muy particular, sobre todo por los cuernos que poseen sobre el cráneo y que les dieron su nombre: *Carnotaurus,* «toro carnívoro». A diferencia de otros dinosaurios con cuernos, no los usaban para defenderse, sino para herir o cazar a otro animal.

El *Neuquensaurus australis* era un dinosaurio herbívoro de unos 8 m (26 ft) de longitud, cuello largo y cabeza pequeña. Poseía unas placas óseas sobre la piel a modo de armadura y una cola muy articulada que podía usar como látigo para defenderse.

Los cuernos del carnotauro no eran como los del toro, sino aplanados, y se proyectaban sobre sus ojos como alas puntiagudas. Eran armas afiladas y peligrosas que les servían para perforar la piel dura de sus víctimas.

Los dientes de la mandíbula inferior medían 4 cm (1.5 in) de longitud, se curvaban un poco hacia atrás y eran afilados como cuchillas; pero al ser pequeños, podían perderlos fácilmente. Los de la mandíbula superior eran mayores y le ayudaban a desgarrar la carne.

Otro carnívoro extraño
Hace 70 millones de años habitó las tierras de Mongolia, en Asia, otro carnívoro extraño con protuberancias sobre la cabeza: el *Alioramus.* Su cabeza era más grande y tenía más dientes que cualquier otro tiranosáurido.

Cuernos a la conquista

Algunos expertos creen que los machos usaban sus cuernos para combatir por las hembras en épocas de apareamiento y que, al igual que en los ciervos, los de las hembras eran más pequeños.

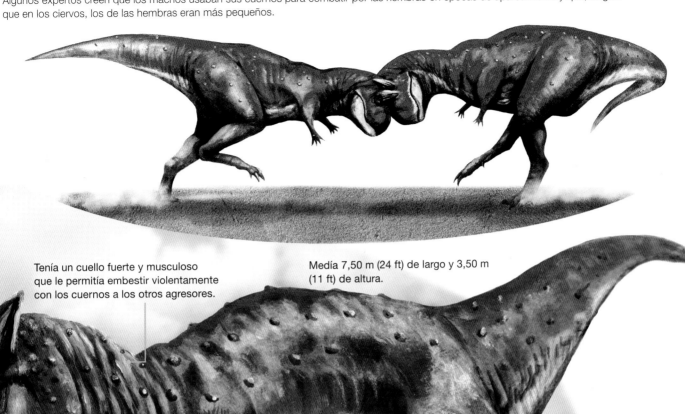

Tenía un cuello fuerte y musculoso que le permitía embestir violentamente con los cuernos a los otros agresores.

Medía 7,50 m (24 ft) de largo y 3,50 m (11 ft) de altura.

Como se encontraron improntas del cuero de este dinosaurio copiadas sobre una roca, se sabe que no estaba recubierto de plumas o de escamas, sino de una piel paquidérmica y tosca, con filas de protuberancias desde la cabeza a la cola.

Sus patas delanteras eran más cortas que las del tiranosaurio rex, pero estaban provistas de uñas para sujetar a sus presas. Los huesos del antebrazo estaban casi atrofiados; sin embargo, esta característica le daba fuerza a sus manos.

Un dinosaurio raro

El carnotauro fue encontrado en 1984 en la Patagonia argentina. Al llegar al lugar, los miembros de la expedición paleontológica vieron fragmentos de huesos que asomaban de una roca muy grande. Tardaron más de un año en extraerlos, pero el esfuerzo valió la pena. Se trataba de un raro dinosaurio carnívoro casi completo y articulado, es decir, con cada uno de los huesos en su lugar.

Era un veloz corredor que podía alcanzar a la mayoría de sus presas. Sus patas traseras eran largas y suficientemente fuertes como para soportar su pesado esqueleto y gran musculatura.

Sus patas tenían cuatro dedos cada una, con afiladas uñas para desgarrar sin piedad a sus presas.

¿**Cómo** volaba el Microraptor?

Los *Microraptor* eran unos increíbles dinosaurios voladores, cuyos fósiles fueron encontrados en el año 2003, en los yacimientos de Yixian, provincia de Liaoning, China. Su peculiaridad es que presentan cuatro patas emplumadas que forman dos pares de alas. En un principio se pensó que este pequeño dinosaurio arborícola era un antepasado del *Archaeopteryx;* pero la edad de los especímenes encontrados (125 millones de años) es inferior a la del padre de las aves.

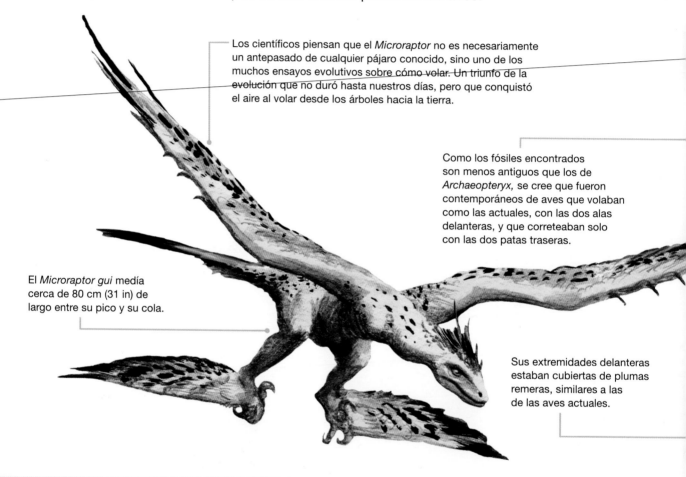

Los científicos piensan que el *Microraptor* no es necesariamente un antepasado de cualquier pájaro conocido, sino uno de los muchos ensayos evolutivos sobre cómo volar. Un triunfo de la evolución que no duró hasta nuestros días, pero que conquistó el aire al volar desde los árboles hacia la tierra.

Como los fósiles encontrados son menos antiguos que los de *Archaeopteryx,* se cree que fueron contemporáneos de aves que volaban como las actuales, con las dos alas delanteras, y que correteaban solo con las dos patas traseras.

El *Microraptor gui* medía cerca de 80 cm (31 in) de largo entre su pico y su cola.

Sus extremidades delanteras estaban cubiertas de plumas remeras, similares a las de las aves actuales.

¿Cómo colocaban las patas al volar?

La colocación de las alas traseras de estos animales en el vuelo fue un enigma a resolver por los científicos. En un primer momento se pensó que estos dinosaurios se lanzaban de árbol en árbol, al estilo de las ardillas voladoras, con las patas extendidas en un solo plano. Sin embargo, este modo de vuelo era imposible por la forma en que se encontraban las articulaciones de las patas.

No obstante, en la actualidad se ha propuesto una nueva explicación para el vuelo, conocida como «modelo biplano». Con las alas ubicadas de este modo, el animal utilizaría una postura natural de las patas traseras, con las plumas correctamente orientadas, para formar una segunda superficie que equivaldría al ala inferior de los aviones biplanos. Esta forma le permitiría planear con gran eficacia de árbol en árbol.

Alas traseras extendidas en el mismo plano que las alas delanteras.

Alas traseras en un plano paralelo a las alas delanteras.

Fósiles bien conservados

En la foto se observa un fósil de *Microraptor gui*, en el que se pueden apreciar las plumas impresas sobre la piedra.

Este tipo de animales podía saltar de un árbol a otro y planear con la ayuda de sus alas. Esta capacidad da pie a pensar en la aparición de los pájaros voladores.

Algunos fósiles muestran un penacho de plumas sobre la cabeza, similar al de los pájaros carpinteros actuales.

El *Microraptor* estaba cubierto de plumas. Al final de su cola se formaba una especie de copete que podría haberle servido para estabilizar el vuelo.

Poseía una garra en forma de hoz y dedos del pie retráctiles para escalar y sostenerse en los árboles.

¿**Cómo** eran las espinas del amargasaurio?

E l amargasaurio (*Amargasaurus cazaui*) es un curioso saurópodo que vivió hace unos 130 millones de años atrás, durante el Cretácico inferior. Fue un herbívoro de unos 9 m (29 ft) de largo que poseía dos filas de largas espinas que se extendían por el cuello y el lomo. Vivía en manadas que se movían en busca de plantas, seguramente coníferas.

Como no se encontraron improntas con la piel de estos dinosaurios, aún no se sabe si las espinas estaban unidas por piel y músculos o si estaban separadas.

La cabeza era pequeña en relación con el tamaño del cuerpo. Tenía el cráneo de forma triangular, al igual que los otros saurópodos, y las narinas entre los ojos. En sus mandíbulas poseía dientes en forma de clavija, que le permitían alimentarse de hierbas.

Aunque su cuello era más corto que el de otros saurópodos de la región, como el *Argentinosaurus,* presentaba dos hileras de espinas bifurcadas y puntiagudas que le protegían el cuello y recorrían toda la espalda.

Vértebras de dicraeosaurios
Dicraeosaurus significa «reptil horquilla», debido a las espinas ahorquilladas de su columna vertebral. Estas vértebras no eran rectas, como en otros saurópodos, sino que se bifurcaban formando una «Y».

¿Un dinosaurio amargado?
El amargasaurio tiene ese nombre porque, en 1983, Luis Cazau, el geólogo que lo encontró mientras trabajaba para una petrolera, descubrió que la formación La Amarga era un importante yacimiento paleontológico del sur argentino.

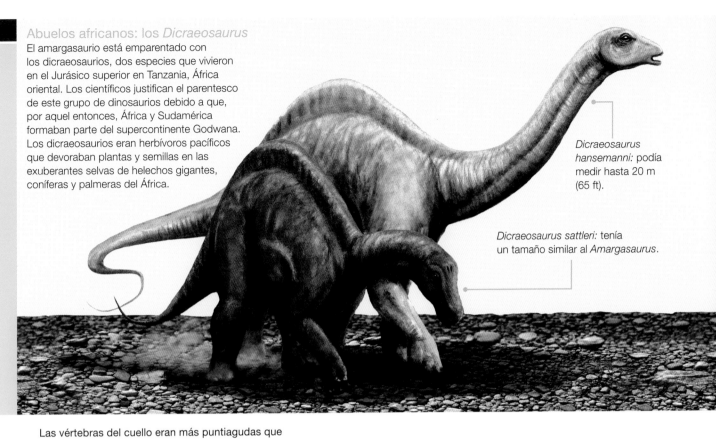

Abuelos africanos: los *Dicraeosaurus*

El amargasaurio está emparentado con los dicraeosaurios, dos especies que vivieron en el Jurásico superior en Tanzania, África oriental. Los científicos justifican el parentesco de este grupo de dinosaurios debido a que, por aquel entonces, África y Sudamérica formaban parte del supercontinente Godwana. Los dicraeosaurios eran herbívoros pacíficos que devoraban plantas y semillas en las exuberantes selvas de helechos gigantes, coníferas y palmeras del África.

Dicraeosaurus hansemanni: podía medir hasta 20 m (65 ft).

Dicraeosaurus sattleri: tenía un tamaño similar al *Amargasaurus*.

Las vértebras del cuello eran más puntiagudas que las de la espalda y alcanzaban los 80 cm (31 in) de largo.

Como herbívoro, seguramente sufría los ataques de los enormes dinosaurios carnívoros, como el giganotosaurio, que habitaron en su región. Se piensa que sus largas espinas le servían para defenderse.

Su cola era estrecha, larga y flexible como un látigo.

¿**Cuáles** fueron los primeros mamíferos?

Tras la gran extinción que dio fin al Cretácico y a sus dinosaurios, comenzó la era Cenozoica, en la cual vivimos. Su clima templado fue interrumpido por períodos de glaciación en los que gran parte del planeta se congeló, y esto produjo grandes migraciones de animales a lugares más cálidos. Las nuevas condiciones ambientales fueron propicias para que se desarrollara una gran variedad de mamíferos que, en algunos casos, alcanzaron un gran tamaño. Estos megamamíferos fueron los antecesores de las especies que hoy conocemos.

El megaterio fue uno de los megamamíferos herbívoros más grandes: alcanzaba los 8 m (26 ft) de largo. Su cabeza era pequeña en relación con el cuerpo. A pesar de sus dimensiones, podía caminar sobre sus patas traseras. Está emparentado con los perezosos y los osos hormigueros.

Los toxodontes eran herbívoros de aspecto similar a los hipopótamos, de 3 m (9 ft) de longitud y casi 2 m (6.5 ft) de alto. Su dentadura estaba adaptada para un intenso pastoreo.

¿Cómo eran los tigres dientes de sable?

Smilodon

Achlysictis

Es el auténtico tigre dientes de sable, uno de los pocos depredadores que acechaba a los pequeños caballos *Hippidion*. Medía unos 3 m (9 ft) de largo, y al cazar clavaba sus enormes caninos en el cuello de las presas, como hoy cazan los tigres y las leonas.

Es similar al tigre dientes de sable, sin embargo, no era un felino sino un marsupial, como el canguro. Alcanzaba 1,50 m (4.9 ft) de largo. Sujetaba a sus presas con unos grandes colmillos que, cuando cerraba la boca, encajaban en una vaina dentro de la mandíbula inferior.

El *Hippidion* era más fuerte que el actual caballo doméstico, con patas más cortas y anchas, y pesaba alrededor de 400 kg (881 lb). Vivía pastando en extensas llanuras, agrupado en manadas numerosas.

Parecidos pero más lanudos

Aunque se piensa que los mamuts eran animales mucho más grandes que los elefantes, no se han encontrado ejemplares que superen los 4 m (13 ft) de altura que mide el elefante africano. Además, por sus orejas pequeñas y la curvatura del lomo, se los considera parientes cercanos del elefante asiático. Los distingue, sobre todo, la cantidad de pelo, la joroba que cargan sobre el lomo y el largo de los colmillos, que llegaban a medir 3,50 m (11 ft).

Los gliptodontes eran mamíferos que tenían una gran coraza cubriéndoles todo el cuerpo. Además, contaban con una cola poderosa para defenderse de sus depredadores. Algunos superaron los cuatro metros de longitud y las 2 toneladas de peso. Son parientes de los armadillos actuales.

Hace 3 millones de años, durante el Plioceno, llegaron atravesando el istmo de Panamá multitudes de megamamíferos, provenientes de América del Norte, que huían de las glaciaciones. Así, las llanuras sudamericanas se poblaron de los parientes gigantes de las especies actuales.

¿A **qué** se debió la extinción de los dinosaurios?

Hace 65 millones de años, las tres cuartas partes de las especies que habitaban el planeta, desde los amonites y el plancton de los mares hasta los gigantescos dinosaurios, se extinguieron de un modo violento. Los científicos han dado muchas explicaciones a este hecho. Sin embargo, la más probada es la caída de un gran meteorito, en la península de Yucatán, México. Su impacto provocó un gran cambio climático que destruyó los ecosistemas del Cretácico.

La nube de polvo que levantó el impacto del meteorito alteró la cadena alimentaria de los dinosaurios. Como bloqueó la radiación solar durante mucho tiempo, las plantas dejaron de realizar fotosíntesis y murieron. Al no haber vegetales que comer, también fallecieron los herbívoros y, más tarde, cuando ya no quedaban herbívoros, murieron los carnívoros.

Al momento del impacto también se ocasionaron numerosos focos de incendio, a raíz del material incandescente desprendido del meteorito.

Las pistas del meteorito

En capas de rocas de hace 65 millones de años se encontraron altos niveles de iridio –un mineral escaso en la Tierra, pero común en los meteoritos– y granos de cuarzo deformados por un gran impacto. Estas pistas, sumadas al hallazgo de los geólogos Luis Fernández y Walter Álvarez del gran cráter de Chicxulub, confirman el impacto del enorme meteorito.

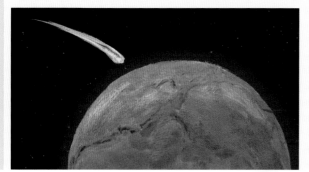

La nube de polvo

El impacto del meteorito provocó una nube de polvo y ceniza que enturbió la atmósfera ocultando la luz del sol durante meses, incluso años. Esto provocó un descenso de la temperatura que congeló buena parte del planeta. Además, el impacto ocasionó un *tsunami* con olas de 1 km (3,200 ft) de altura que inundaron América del Norte.

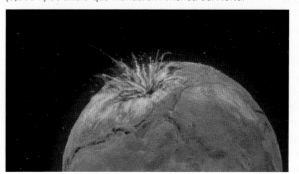

Otra teoría dice que la intensa actividad volcánica de finales del Cretácico también habría desencadenado los cambios climáticos. La gran cantidad de azufre liberado por las erupciones podía haber provocado intensas lluvias ácidas que afectaron aún más los deteriorados ecosistemas.

Los dinosaurios no fueron los únicos animales en desaparecer: además perecieron los reptiles marinos y se extinguieron los pterosaurios. Pero las aves y los insectos lograron sobrevivir. También resistieron los cambios los pequeños mamíferos y un grupo de reptiles, en el cual se encuentran los cocodrilos, las tortugas y las serpientes.

El cráter de la extinción

El cráter más grande descubierto en el planeta fue producido por el meteorito que acabó con los dinosaurios. Se trata del cráter de Chicxulub, ubicado en la península de Yucatán. Tiene unos 180 km (111 mi) de diámetro y una profundidad cercana a los 50 km (31 mi). Se calcula que el meteorito que lo causó habría medido unos 10 km (6.2 mi) de diámetro.

Cráter de Chicxulub

En esta la fotografía, tomada con un satélite de la NASA, se observa el impacto en forma de semicírculo.

El Abecé Visual de
LA TIERRA

El Abecé Visual de
ANIMALES SALVAJES

El Abecé Visual de
INVENTOS QUE CAMBIARON EL MUNDO 1

El Abecé Visual de
MEDIOS DE TRANSPORTE

El Abecé Visual de
EL UNIVERSO

El Abecé Visual de
EL UNIVERSO

El Abecé Visual de
LOS INVENTOS QUE CAMBIARON EL MUNDO 1

El Abecé Visual de
LA HISTORIA

LE PENSEUR

El Abecé Visual de
PLANTAS Y FLORES

El Abecé Visual de
LOS INSECTOS

El Abecé Visual de
PAÍSES, RELIGIONES Y CULTURAS DEL MUNDO

El Abecé Visual de
MITOS Y LEYENDAS UNIVERSALES

El Abecé Visual de
BOSQUES, SELVAS, MONTAÑAS Y DESIERTOS

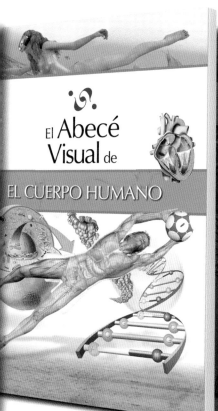

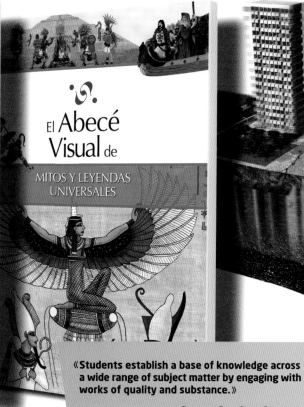

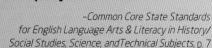

« Students establish a base of knowledge across a wide range of subject matter by engaging with works of quality and substance. »

–Common Core State Standards for English Language Arts & Literacy in History/ Social Studies, Science, andTechnical Subjects, p. 7

A great addition to a CCSS-oriented collection

Common-Core
Quality & Substance
www.CommonCore.SantillanaUSA.com

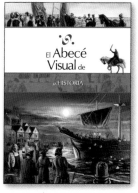